Reinhard Mohn

Von der Welt lernen

W0391375

*Reinhard Mohn*

# Von der Welt lernen

Erfolg durch Menschlichkeit und Freiheit

In Zusammenarbeit mit Andrea Stoll

| **Verlag** Bertelsmann**Stiftung**

Bibliografische Information der Deutschen Nationalbibliothek

Die Deutsche Nationalbibliothek verzeichnet diese Publikation in der Deutschen Nationalbibliografie; detaillierte bibliografische Daten sind im Internet unter http://dnb.d-nb.de abrufbar.

Einmalige Sonderausgabe nach dem Tod von Reinhard Mohn, herausgegeben von der Bertelsmann Stiftung.
Der vorliegenden Ausgabe liegt die Originalausgabe von Reinhard Mohn: Von der Welt lernen als ungekürzte Lizenzausgabe für die Reinhard Mohn Gesamtausgabe, Verlag Bertelsmann Stiftung 2009, zugrunde.

*© 2008 by C. Bertelsmann Verlag, München,*
*in der Verlagsgruppe Random House GmbH*
*Verantwortlich: Karin Schlautmann*
*Herstellung: Sabine Reimann*
*Umschlaggestaltung: Bertelsmann Stiftung*
*Umschlagfoto: Eberhard Hirsch*
*Autorenfoto: Christoph Gödan*
*Gesamtherstellung:*
*Hans Kock Buch- und Offsetdruck GmbH, Bielefeld*
*Printed in Germany*
*ISBN 978-3-86793-062-8*

*www.bertelsmann-stiftung.de/verlag*

Reinhard Mohn wurde am 29. Juni 1921 in Gütersloh geboren. 1946 kehrte er aus amerikanischer Gefangenschaft zurück und übernahm die Leitung des familieneigenen Druck- und Verlagshauses. In über 40 Jahren führte er das Haus in die Spitzengruppe der internationalen Medienunternehmen. Die Struktur des Unternehmens ist geprägt von den Prinzipien Fairness, Partnerschaft und Gerechtigkeit. Sie sind Ausdruck seiner Vorstellung von Unternehmenskultur.

Im Jahr 1977 gründete Reinhard Mohn die Bertelsmann Stiftung. Sie setzt das gesellschaftspolitische, kulturelle und soziale Engagement fort und sichert die Unternehmenskontinuität. Die Mehrheit des Aktienkapitals der Bertelsmann AG ließ Reinhard Mohn 1993 auf die Stiftung übertragen. Sie spiegelt damit seine Überzeugung wider, dass sich große Vermögen der Sozialverpflichtung des Eigentums unterzuordnen haben.

Reinhard Mohn ist am 3. Oktober 2009 verstorben.

*Dieses Buch ist meiner Frau Liz Mohn gewidmet.*
*Mein Dank gilt ihrem unermüdlichen Einsatz*
*für die Ziele unseres Unternehmens und*
*unserer guten Gemeinschaft auf unserem Lebensweg.*

*Unser besonderer Dank gilt*
*meiner Sekretärin Susanne Knetsch,*
*die mit ihrer umsichtigen Vorbereitung und*
*Begleitung die Entstehung dieses Buches*
*maßgeblich gefördert hat.*

# Inhalt

## Familiäre Herkunft und persönliche Lehrjahre

## Erfahrungen eines Unternehmers



## Der Weg in die Zukunft

# Familiäre Herkunft und persönliche Lehrjahre

## Zu diesem Buch

Bis heute laufe ich jeden Tag eine Stunde in den Wald. Ich brauche diese Momente des Alleinseins. Die Ungestörtheit des Denkens schenkt mir Kraft und Gelassenheit und hat mir in vielen Situationen meines Lebens geholfen. Wo stehe ich gerade, was sind die nächsten Schritte? Sind meine Ziele realistisch, was kann ich besser machen? Solche Fragen haben mich über die Jahrzehnte hinweg begleitet – sie sind untrennbar mit meinem Lebensweg und dem Aufbau des Hauses Bertelsmann verbunden.

Im Jahre 1921 in Gütersloh geboren, hat mich das wechselvolle 20. Jahrhundert vor unzählige Aufgaben gestellt, von denen ich oft nicht wusste, wie ich sie bewältigen sollte. Nie hätte ich mir als junger Kriegsheimkehrer beim Anblick des zerstörten Verlagshauses im Januar 1946 träumen lassen, dass daraus ein Medienunternehmen erwachsen könnte, das am Beginn des 21. Jahrhunderts in über fünfzig Ländern vertreten ist und mehr als hunderttausend Mitarbeiter beschäftigt. Wie sehr haben sich die Existenzbedingungen in unserer Gesellschaft seit damals gewandelt! Weltweit haben die politischen und kulturellen Veränderungen in mehr als fünf Jahrzehnten einen Prozess der Globalisierung in Gang gesetzt, der unser tägliches Denken und Handeln in nie geahnter Weise herausfordert und auch die demokratische Entwicklung in Deutschland einer unablässigen Veränderung unterwirft.

Das Haus Bertelsmann hat in all den Jahren vielfältige Erfahrungen sammeln dürfen und seine unternehmerische Tätigkeit sowohl in Deutschland und Europa als auch in den USA, Russland, Indien und China unter unterschiedlichsten politischen Bedingungen entwickeln können. Diese Erfahrungen scheinen mir im Hinblick auf die Herausforderungen der Globalisierung aktueller denn je. Auf welche Weise ist uns mit Menschen unterschiedlichster Herkunft und Glaubensrichtungen ein Dialog gelungen? Welche unternehmerischen Entscheidungen waren notwendig, um einen internationalen Konzern mit mehr als hundert Tochtergesellschaften erfolgreich zu führen? Worin liegen die Gründe, dass es in Deutschland bei Bertelsmann zu meiner Zeit keinen Streik gegeben hat? Kurzum: Was ist das Geheimnis unseres Erfolgs, der mich, trotz mancher Rückschläge und unvermeidlicher Enttäuschungen, sagen lässt: Es hat sich gelohnt.

Und wenn ich mir heute, am Ende eines langen Weges, etwas wünschen dürfte, dann geht mein Blick in die Zukunft, und ich hoffe, dass die bei Bertelsmann erprobten Führungstechniken Bausteine für ein friedliches Miteinander der Kulturen bereithalten können.

Überall auf der Welt neigen die Menschen dazu, Gewohnheiten als endgültig zu betrachten und einmal bewährte Traditionen festzuschreiben. Die Angst vor dem Neuen, die Abwehr des Anderen und Fremden hat zu allen Zeiten die Bildung von Vorurteilen und Dogmen befördert, die in der Schaffung von Nationalstaaten und der Ausbildung politischer Ordnungssysteme ihre historisch bedeutsamste Ausprägung erfahren haben. Doch schon die griechischen Philosophen wussten, dass die eigentliche Herausforderung des Lebens darin besteht, den Prozess des permanenten Wandels, des »panta rhei«[1], anzunehmen.

Die geschichtliche Erfahrung, dass auch Macht und Gewalt auf Dauer die Ordnungen der Menschen nicht erhalten können, hat unverminderte Aktualität. Was also befähigt uns, die unaufhaltsamen Veränderungen im Bereich der Kultur und Politik, der Wirtschaft und der staatlichen Ordnungssysteme nicht nur zu erdulden, sondern als Chance zu begreifen, die Zukunft mit persönlicher Kraft und eigenständigem Handeln zu gestalten? Welche geistigen, gesellschaftspolitischen, wirtschaftlichen und sozialen Voraussetzungen sind nötig, damit das gelingt?

Ich bin diesen Fragen über Jahrzehnte nachgegangen und möchte nun versuchen, die für mich entscheidenden Beweggründe im Rückblick auf meine eigenen menschlichen und unternehmerischen Erfahrungen zu veranschaulichen.

## Protestantische Traditionen und der Wunsch nach innerer Freiheit

Soweit ich zurückdenken kann, war ich von der Freiheit des eigenen Denkens fasziniert. Bis heute verblüfft mich, wie genau ich schon als sechzehnjähriger Schüler in einem Hausaufsatz[2], in dem ich »Meine Gedanken bei der Wahl des Berufes« erörtern sollte, drei Aspekte hervorgehoben habe. Was mir damals für meine Zukunft bedeutsam erschien, hat für mich bis heute nichts von seiner Gültigkeit verloren: Verantwortung gegenüber der Gemeinschaft, persönliche Veranlagung und der Wunsch nach innerer Freiheit und einem mit Sinn erfüllten Leben.

Dabei mag meine Herkunft aus einem disziplinierten und streng religiös ausgerichteten Elternhaus eine wichtige Rolle gespielt haben. Sie hat meinem Charakter einen Ordnungsrahmen geboten, der schon früh Selbstdisziplin und Verantwortungsbewusstsein einforderte, in gleichem Maße jedoch auch meine Lust am Widerspruch beförderte und eine Suche nach persönlicher Veranlagung und innerer Motivation auslöste, die mir die christliche Erziehung allein nicht vermitteln konnte.

Wer wie ich mit vier älteren Geschwistern und einem jüngeren Bruder aufgewachsen ist, dem sind Freuden und Nöte der menschlichen Gemeinschaft von Kindesbeinen an vertraut. Die Rolle des besonders beachteten und geliebten Ältesten war im Hause meiner Eltern an meinen Bruder Hans Heinrich vergeben, die Rolle des Jüngsten blieb bis zur Geburt meines Bruders Gerd fünf Jahre unbesetzt, denn ein nach mir geborenes Mädchen war nicht lebensfähig. Der Klang der Kirchenglocken bei ihrer Beerdigung gehört zu meinen frühen Erinnerungen.

Ich galt als sensibles Kind, die Veranlagung meines Vaters zu Allergien hatte auch mich getroffen und machte mich recht anfällig für Erkältungskrankheiten. Krank sein aber hieß immer auch allein sein, der streng geführte Haushalt meiner Mutter Agnes ließ keine Sonderbehandlungen zu. So war ich spürbar das fünfte Kind in unserer großen Familie, das die Rituale unseres Familienlebens und die Aktivitäten seiner älteren Geschwister genau beobachtete, ohne sich dabei immer zugehörig zu fühlen. Wenn ich etwas nicht verstehen konnte, rebellierte ich innerlich und verweigerte mich mitunter. In einem auf christliche Erziehung und strenge Disziplin ausgerichteten Elternhaus musste das zu Konflikten führen.

Nicht selten empfing mein Vater, in seiner Funktion als Verleger des Hauses Bertelsmann, Autoren und Geschäftspartner beim Mittagstisch, um Verlagsangelegenheiten mit ihnen zu besprechen. Wir Kinder hatten dabei natürlich zu schweigen, was mir häufig schwerfiel und nicht immer einleuchtend erschien. So wurde ich des Öfteren von meiner Mutter zur Strafe in »die Ecke gestellt« und nach einiger Zeit gefragt, ob ich jetzt wieder brav sein wolle. Nein, das wolle ich durchaus nicht, erklärte ich zur Belustigung meiner Geschwister, und das ganze Spiel begann von vorn.

Meine Mutter Agnes war die Tochter des Gütersloher Pastors Seippel. Nach dem frühen Tod ihrer Mutter musste sie die Verantwortung für ihre jüngeren Geschwister übernehmen. Die daraus resultierende hohe Selbstdisziplin und ein unbedingter Wille zur Pflichterfüllung hat sie auch an uns Kinder weitergegeben. Mit liebevoller Strenge verantwortete sie unsere Erziehung in einem vielköpfigen Haushalt, zu dem Dienstboten und die Schulfreunde meiner älteren Geschwister als Pensionsgäste genauso gehörten wie die offiziellen Gäste meines Vaters. In meinen ersten Lebensjahren gehörten dazu auch mein Großvater Johannes Mohn und meine Großmutter Friederike, eine geborene Bertelsmann. Beide Familien wohnten nah beieinander und hielten engen Kontakt. Während meine Schwestern an der Frauenoberschule ihre Abschlüsse machten, besuchten mein ältester Bruder Hans Heinrich und ich das Evangelisch-Stiftische Gymnasium in Gütersloh. Von einer gemeinsamen Schulzeit konnte man aber nicht wirklich sprechen. Als er sein Abitur mit »sehr gut« bestand, hatte ich gerade mit der Sexta begonnen.

Der große Altersunterschied zwischen uns Geschwistern führte auch noch zu anderen Erfahrungen. So reisten meine Eltern regelmäßig mit meinen vier älteren Geschwistern in den Ferien in die Schweiz oder in den Schwarzwald, während ich alljährlich in kirchliche Erholungsheime geschickt wurde. Ich habe das damals nicht verstanden. Von einem Tag auf den anderen blieb ich allein unter fremden Menschen zurück und sah mich, so jung wie ich war, völlig auf mich zurückgeworfen. Diese Erfahrung hat mich früh im Alleinsein geübt. Doch was mir als Kind schmerzlich naheging, forderte mich als Heranwachsenden heraus, mich mit mir auseinanderzusetzen: Warum widerfuhr mir das? War ich damit einverstanden? Was würde ich anders, was würde ich besser machen? Wer plötzlich ohne seine Familie und ein anteilnehmendes Gegenüber dasteht, lernt, mit sich selbst das Gespräch zu suchen. Und er erfährt, dass die eigenen Gedanken mitunter weiter tragen als das, was uns von außen vorgegeben wird. Das Alleinsein als Kind hat mich auch gelehrt, mit mir im Gespräch zu sein. Und ich bin es bis heute.

Die Tradition unseres 1835 gegründeten protestantischen Verlagshauses, das von meinen Eltern Heinrich und Agnes Mohn seit meinem Geburtsjahr 1921 in der vierten Generation geleitet wurde, war in unserer Familie stark spürbar. In den Erzählungen der Großeltern wurden Anekdoten aus der Verlagsgeschichte lebendig. Immer wieder führten sie uns die historischen Anfänge der Verlagsgründung durch den protestantischen Steindrucker Carl Bertelsmann im Jahr 1835 vor Augen. Seine vielfältigen Erfahrungen als Kirchenvorstand und Stadtverordneter, dem in unternehmerischer wie in religiöser Hinsicht sein Sohn Heinrich nacheiferte, flossen wie selbstverständlich in die Familiengespräche ein. Auch mein Großvater Johannes Mohn hatte sich neben der Verlagsführung als Stadtverordneter, Presbyter, Kirchmeister und Kurator des von Carl Bertelsmann mitbegründeten Evangelisch-Stiftischen Gymnasiums in Gütersloh sowie als Vorsitzender verschiedener Missionsgemeinschaften und als Vorstandsmitglied der Vereinigung evangelischer Buchhändler vielfältig engagiert. Protestantische Überzeugung und gelebtes Unternehmertum waren für mich und meine Geschwister daher so selbstverständlich wie das tägliche Brot. In Tischgebeten und Hausandachten, an denen mein Vater Kapitel aus einem Andachtsbuch vorlas und das Singen von Chorälen auf dem Klavier begleitete, manifestierte sich die christliche Erziehung im Privaten. Der sonntägliche Kirchgang war Pflicht!

In der von meinem Vater sehr persönlich gestalteten Verlagsführung setzte sich die protestantische Glaubenshaltung des Verlagsgründers Carl Bertelsmann fort. In der ersten Hälfte des 20. Jahrhunderts hatte sich der grafische Betrieb zu einem mittelständischen Verlag entwickelt, der von achtzig Mitarbeitern im Jahr 1910 nach dem Ersten Weltkrieg auf nur noch sechs Mitarbeiter im Jahr 1923 zurückging. Infolge der immer stärkeren Öffnung für Unterhaltungsliteratur konnten im Jahr 1939 schließlich vierhundertvierzig Mitarbeiter beschäftigt werden. Doch trotz des enormen Wachstums verlor die Betriebsführung nichts von ihrem patriarchalischen Charakter: Gegenseitige Treuepflicht und Fürsorge hatten unvermindert Gültigkeit. Im Sinne der christlichen Tradition durfte sonntags keinesfalls gearbeitet werden, anderenfalls stellte meine Großmutter den Strom ab. Die persönliche Verantwortung des Bertelsmann Verlags für seine Mitarbeiter erstreckte sich gemäß der Familientradition auch auf soziale Initiativen. Meine Großeltern und Eltern engagierten sich für die Entwicklung ihrer Heimatstadt – neben anderen sozialen Maßnahmen leiteten sie die Gründung eines Kindergartens in die Wege. Im Interesse der Mitarbeiter wurden eine Pensionsordnung und eine betriebliche Krankenkasse eingerichtet.

Diese vielfältigen Aktivitäten und die Schwankungen der Verlagsgeschäfte in den wirtschaftlich unsicheren Zwanzigerjahren bedeuteten für die ohnehin große nervliche Sensibilität meines an Asthma erkrankten Vaters weitere zusätzliche Belastungen. Die furchtbare Arbeitslosigkeit und das Elend vieler Menschen als Folge des Ersten Weltkriegs waren uns Kindern nicht nur als häufig wiederkehrende Gesprächsthemen bewusst, auch die karge Kost mancher Familienmahlzeiten gehörte in meiner Generation zu den unvergesslichen Erinnerungen.

Wegen der Asthma-Erkrankung meines Vaters übersiedelte die ganze Familie im Jahr 1923 in das klimatisch günstigere Braunlage im Harz, wo ich auch eingeschult wurde. Doch der Aufenthalt in einem Mittelgebirge verschaffte meinem Vater nur vorübergehend Linderung. Also zogen wir wieder nach Gütersloh zurück. In den Dreißigerjahren verschlechterte sich der Gesundheitszustand meines Vaters zusehends. Als der Zweite Weltkrieg begann, war er weitgehend arbeitsunfähig.

Für mich persönlich blieb die Person meines Vater ohne wegweisende Bedeutung; alles in allem hat er mir nur wenige hilfreiche Anregungen vermitteln können. Die prägende Persönlichkeit meiner Kindheit war zweifelsohne meine Mutter. Wenn es in der Schule zu Problemen kam, habe ich das mit ihr besprochen und diskutiert. Der Heuschnupfen, der mich während der gesamten Schulzeit, vom Tag der Einschulung an, plagte, ein beständiger Hang, auf nervliche Anspannung mit Fieber zu reagieren, und eine damals nicht erkannte Legasthenie beeinträchtigten meine schulischen Leistungen enorm und ließen meine Mutter mitunter an meinen Begabungen zweifeln. Schließlich wechselte ich in den naturwissenschaftlichen Zweig unseres Gymnasiums und entdeckte die Freude an intensiver sportlicher Betätigung. Meine Gesundheit stabilisierte sich, und in der Schule wurde ich ebenfalls besser, wenn auch die Ängste und Unsicherheiten der frühen Jahre noch in mir nachwirkten. Das Amt des Klassensprechers, das mir meine Mitschüler in der Oberprima anboten, traute ich mir als Klassenjüngster nicht zu. Doch das Abitur konnte ich 1939 als einer der Besten beschließen.

Aus all diesen Jahren ist mir ein Erlebnis besonders im Gedächtnis geblieben, das mein frühes Nachdenken über persönliche Verantwortung verdeutlicht. Eines Tages mussten wir in der Klasse ein Diktat zur Rechtschreibschulung schreiben. Am Schluss der Stunde sammelte der Lehrer die Hefte ein und übergab sie mir, da ich als gewählter Vertrauensschüler den Schlüssel für das Lehrerpult verwahrte. In der darauf folgenden Pause sprach mich ein Schüler an: Er habe beim Diktat einen Fehler gemacht, ich möge ihm sein Heft doch noch einmal geben, um diesen Fehler zu korrigieren. Dieser Wunsch stürzte mich in ein schweres Dilemma, ich fühlte mich zwischen Kameradschaft und Pflichtbewusstsein hin- und hergerissen.

Trotz innerer Bedenken siegte schließlich mein Kameradschaftsgefühl, und so habe ich dem Wunsch meines Mitschülers entsprochen. In der folgenden Nacht konnte ich vor Aufregung nicht schlafen! Gleich morgens gestand ich meiner Mutter meinen Fehler. Sie diskutierte den Fall sofort mit meinem ältesten Bruder Hans Heinrich. Dieser sprach noch am Vormittag mit dem Schuldirektor, der daraufhin zu der Entscheidung kam, dass die Herausgabe der Pultschlüssel an einen zehnjährigen Vertrauensschüler eine falsche Entscheidung gewesen sei.

Mir ist diese Sache lange nachgegangen. Ich habe aus diesem Erlebnis für mein Leben gelernt und den Entschluss gefasst, auftretenden Schwierigkeiten niemals durch Unkorrektheiten aus dem Wege zu gehen!

Zweifelsohne war ich ein Kind mit einem starken Innenleben, in dem die Erlebnisse des familiären und schulischen Alltags nachklangen und vielerlei Überlegungen auslösten. Über meine technischen Interessen und mathematischen Neigungen hinaus war ich auf der Suche nach tieferer Sinngebung, und die religiöse Disziplin meines Elternhauses mit den täglichen Ritualen der Hausandachten und Tischgebete bot mir keine wirkliche Motivation. Umso stärker blieb mir der Religionsunterricht unseres Pastors Florin in Erinnerung, der sich dadurch auszeichnete, dass er uns Kindern nicht nur die bekannten Thesen und Inhalte des christlichen Glaubens vermitteln wollte, sondern sich darum bemühte, die biblischen Geschichten so zu erläutern, dass sie auf uns glaubhaft wirkten. Das Ereignis der Bergpredigt beschrieb er folgendermaßen: Als Jesus seine Jünger davon unterrichtete, dass er auf einem nahe gelegenen Berg eine Predigt halten wollte, informierten diese die Gläubigen mit dem Hinweis, das ganze Vorhaben könne durchaus etwas länger dauern, und so sei es ratsam, ausreichend Proviant mitzunehmen. Nachdem Jesus nun mehrere Stunden auf dem Berg gesprochen hatte, ermahnten ihn die Jünger, zur Stärkung eine »Brotzeit« anzukündigen, die Menschen seien hungrig. Jesus befolgte diesen Ratschlag, brach zwei große Brote, die die Jünger mitgebracht hatten, und ließ sie mit deren Hilfe verteilen. Die große Schar der Zuhörer aber packte ihren eigenen Proviant aus, und so wurden tatsächlich alle satt. Diese lebendig erzählte und realistisch ausgeführte Deutung eines biblischen Wunders beeindruckte mich tief – so vermittelt, war Religion spannend und überzeugend!

Demgegenüber spürten meine Eltern umso deutlicher, dass mir die rein formalreligiöse Unterweisung wenig bedeutete und ich mit zunehmendem Alter sichtbar unbeteiligt blieb. Nach meiner Konfirmation stellte mir meine Mutter schließlich frei, ob ich weiterhin an den Hausandachten teilnehmen wollte oder nicht. Mein Entschluss stand schon länger fest, und so habe ich das dann auch nicht mehr getan.

Gerade in unserer großen familiären Gemeinschaft mit ihren unterschiedlichen Interessen und Zielsetzungen drängte sich mir die entscheidende Frage umso heftiger auf, und ich konnte und wollte ihr nicht länger ausweichen: »Wer bin ich überhaupt? Was kann, was wird mein Weg sein?«

## Eine Jugend in Nationalsozialismus und Weltkrieg

Als ich Ostern 1939 endlich mein Abiturzeugnis in Händen hielt, war an eine freie Wahl meines Berufswegs schon nicht mehr zu denken. Ich hoffte zwar noch, dass ich nach dem unumgänglichen, sechs Monate dauernden Reicharbeitsdienst, den die männliche Jugend meines Jahrgangs leisten musste, meinen technischen Neigungen gemäß das ersehnte Ingenieurstudium beginnen könnte, doch mit Hitlers Einmarsch in Polen am 1. September 1939 zerschlug sich diese Aussicht endgültig.

Auch wenn der Nationalsozialismus das öffentliche und soziale Leben in den Dreißigerjahren nach seiner Ideologie geformt hatte und sowohl meine Jugend wie auch die meiner Geschwister von der Mitgliedschaft in NS-Jugendorganisationen wie dem »Jungvolk«, der »Hitler-Jugend« und dem »Bund Deutscher Mädel« geprägt war, habe ich meine Eltern politisch als zurückhaltend empfunden.

Eine genaue historische Aufarbeitung der Geschichte des Bertelsmann Verlags in den Jahren zwischen 1933 und 1945 ist von einer unabhängigen Historikerkommission mit meiner Unterstützung inzwischen geleistet worden.[3] Ich selbst möchte an dieser Stelle der Perspektive meiner persönlichen Erinnerung treu bleiben und die rückblickende Einschätzung des Erlebten daran ausrichten.

Mein zutiefst protestantischer Vater konzentrierte sich in seiner Verlagsarbeit vor allem auf das theologische Programm. Aufgrund seiner großen gesundheitlichen Probleme hatte er früh zahlreiche Aufgaben an leitende Mitarbeiter delegieren müssen.

Die Inflationsjahre nach dem Ersten Weltkrieg hatten auch Bertelsmann an den Rand des Zusammenbruchs geführt: Von den vierundachtzig Mitarbeitern, die 1921, im Jahr meiner Geburt, für unser Haus tätig waren, blieben zwei Jahre später nur noch sechs übrig. Der Verlag musste überleben, und mein Vater befürwortete die von der Geschäftsführung in den späten Zwanzigerjahren vorgeschlagenen Maßnahmen zur Programmerweiterung und Umsatzsteigerung. Das Feld der unterhaltenden Literatur wurde Schritt für Schritt ausgebaut. Damit waren die Voraussetzungen geschaffen, um auch die Weltwirtschaftskrise zu überstehen. Die maßgeblich von unserem damaligen Vertriebsdirektor Fritz Wixforth initiierte Vertriebskonzeption zielte auf Breitenwirkung. Unterhaltende Romane sollten in großen Auflagen zu niedrigen Preisen verkauft werden. Die Einführung von Sonderfenstern im

Sortimentsbuchhandel ermöglichte aufsehenerregende Verkaufserfolge.

Dieser vertriebliche Ansatz übertrug sich bald auch auf den Reise- und Versandbuchhandel. Das Zusammenfassen von mehreren thematisch aufeinander abgestimmten Büchern in einer Kassette erlaubte den Einsatz von Verkäufern im Direktvertrieb. Schon vor dem Zweiten Weltkrieg spielte dieser Kassettenverkauf durch Firmen des Reise- und Versandbuchhandels für Bertelsmann eine beachtliche Rolle. Damals wurde dem Haus zum ersten Mal deutlich, dass der in unserem Land hervorragend organisierte Sortimentsbuchhandel doch nicht alle Marktsegmente abdeckte.[4] Auch die Zusammenstellung belletristischer Literatur in sogenannten »Feldpostausgaben« bescherte dem Verlag große kommerzielle Erfolge.

Zweifelsohne nutzte Bertelsmann die geschäftlichen Erfolge während des Dritten Reiches für den weiteren Ausbau des Verlags, ein über die Verlagsinteressen hinausgehendes persönliches politisches Engagement habe ich damals bei meinen Eltern jedoch nicht feststellen können. Doch wer wie meine Geschwister und ich die Ideale einer völkischen Gemeinschaft in nationalsozialistisch geprägten Schulen, Jugendorganisationen und einer umfangreichen Sportausbildung durchlaufen hatte, der strebte – für uns heute kaum vorstellbar – auch mit dem Eintritt in das Erwachsenenleben begeistert und unbeirrt auf jenen Abgrund zu, der zum Ausbruch des Zweiten Weltkriegs führte.

Was die Verblendung einer ganzen Nation an katastrophalen Folgen bereithalten sollte, erfuhren wir nur wenige Tage nach Kriegsbeginn ganz persönlich: Mein ältester Bruder Hans Heinrich fiel am 10. September 1939 in Polen. Meine Mutter hat darunter bis zu ihrem Lebensende sehr gelitten. Der älteste Sohn war ihr Ein und Alles gewesen, der ersehnte Erbe und Hoffnungsträger der Familie. Nach seinem Tod saß sie oft allein in seinem Zimmer, das genauso wie zu seinen Lebzeiten bleiben musste. Hans Heinrichs Tod veränderte das Leben der ganzen Familie. Meine Mutter, die bis dahin eine äußerst tatkräftige Frau gewesen war, lebte von nun an immer stärker in der Vergangenheit.

Ich selbst aber musste in jenem Herbst 1939 meine eigenen Entscheidungen treffen: Als erprobter Leichtathlet und Segelflieger schwärmte ich für die Fliegerei. Wer sich freiwillig zum Kriegsdienst meldete, konnte die Waffengattung wählen und wurde auch als Offiziersanwärter bevorzugt. Ich hoffte auf eine Pilotenlaufbahn und begann meinen Dienst als Rekrut bei einem Flug- und Ausbildungskommando in Quedlinburg. Schon im Januar 1940 kam ich in eine Fliegerhorst-Kompanie und kurz danach zur Fliegerabwehr. Nach monatelangem Einsatz an der Westfront konnte ich ab Januar 1941 eine bei Utrecht gelegene Offiziersanwärterschule besuchen und wurde ein Jahr später, am 1. Januar 1942, zum Leutnant befördert. Trotz erwiesener Flugtauglichkeit erfüllten sich meine Pilotenträume jedoch nicht. Stattdessen stellte mich die mir bereits in so jungen Jahren zugebilligte Führungsbefähigung vor Situationen, die mich menschlich und sachlich auf das Äußerste forderten.

Als einundzwanzigjähriger Offizier hatte ich nicht nur das Kommando über vier Geschütze und Schnellfeuerkanonen zur Luftabwehr inne. Mir war auch eine Mannschaft von fünfundvierzig vorbestraften Soldaten unterstellt, mit denen ich in Holland stationiert wurde.

Das wäre selbst für einen erfahrenen Offizier eine echte Herausforderung gewesen. Für einen so jungen Mann wie mich bedeutete der dienstliche Umgang mit dieser gewieften und gewaltbereiten Truppe ein hohes Risiko.

Als sich einer der Soldaten am Wochenende bei mir zum Ausgehen anmeldete, war ich einverstanden. Der geregelte Ausgang war sein gutes Recht. »Alles in Ordnung«, sagte ich, »aber denken Sie daran, Sie müssen pünktlich zurück sein! Sie wissen, was passiert, wenn Sie das nicht sind. Dann bin ich verpflichtet, Sie zu melden, und als Vorbestrafter bedeutet das für Sie die Versetzung in eine Strafkompanie.« Es war uns allen klar, dass die Versetzung in eine Strafkompanie für jeden Soldaten fast immer das Ende bedeutete. Meine Anweisung war klar und unmissverständlich. Doch als der Abend voranrückte, war der Mann zur verabredeten Stunde nicht da. Ich sehe mich noch, wie ich dastand, hoch oben auf einer Eisenbahnbrücke, und hin und her überlegte. Schließlich legte ich mich wieder schlafen. Etwa eine Stunde später klopfte der Mann an meine Tür, die von einem Posten bewacht war. »Lassen Sie uns die Uhren vergleichen«, sagte ich zu dem Mann, »bei mir ist es genau 24 Uhr.« »Jaaa«, erwiderte er und fragte: »Herr Leutnant, werden Sie mich melden?« – »Darüber spreche ich jetzt nicht mit Ihnen«, erwiderte ich. »Wir werden uns morgen früh darüber unterhalten, was zu tun ist.« Doch der Mann konnte ahnen, dass mir nichts anderes übrig blieb, als mich getreu den Vorschriften zu verhalten und Meldung über den Vorfall zu erstatten. Schon eine Ausnahme hätte mich im Kreis dieser Männer erpressbar gemacht, ich wäre ihnen ausgeliefert gewesen.

Nur kurze Zeit später, so gegen zwei Uhr, rief der Posten an, der bei den Geschützen Wache hielt, und sagte: »Herr Leutnant, der Mann hat sich erschossen.« Ich stand wieder auf, zog mich an und schnallte mir die Pistole um. Es war eine mondhelle Nacht, als ich zur Baracke der Soldaten hinüberging. Alle konnten mich sehen, und ich wusste nicht, was auf mich zukommen würde. Es war eine schwierige Situation. Der Mann lag tot im Aufenthaltsraum, er trug einen Abschiedsbrief bei sich, erfüllt von Wut und Rache: »Ich nehme den Mohn mit in die ewigen Jagdgründe«, war da zu lesen, und natürlich sprach sich das herum.

Ich meldete den Vorgang dann sofort dem zuständigen Bataillonskommandanten. Bei dem unvermeidlichen Kriegsgerichtsprozess wurde das Geschehen noch einmal in allen Einzelheiten untersucht. Der Kriegsgerichtsrat befragte nicht nur mich, sondern auch alle anderen. Die Unteroffiziere mussten ihm Rede und Antwort stehen, und es gab nicht einen, der mir etwas Negatives vorgeworfen hätte. Abschließend erteilte der Kriegsgerichtsrat dem Kommandeur eine Rüge und erklärte: »Sie haben da einen Fehler gemacht. Einem so jungen Offizier gibt man keine menschlich so schwere Aufgabe.«

Trotz der für mich positiven Gesamtbeurteilung gehörte diese Erfahrung zu den Erlebnissen, die ich nicht so leicht hinter mir lassen konnte. Wieder und wieder habe ich mein jugendliches Handeln hinterfragt und weiß doch, dass mir aus meiner Grundhaltung heraus kein anderer Ausweg möglich war. Diese absolute Korrektheit in der Sache habe ich mir immer bewahrt, sie war in schwierigsten Situationen mitunter das Einzige, an das ich mich halten konnte. Denn die Jahre in der Deutschen Wehrmacht hielten noch weitere Stationen bereit.

In Berlin wurde ich an das Göring-Regiment überstellt und bekam Gelegenheit, das groteske Erscheinungsbild des Reichsmarschalls mit seinem grell geschminkten Gesicht aus nächster Nähe zu betrachten. Meinen Wunsch, mich baldmöglichst an die Front zu versetzen und damit aus diesem Umfeld und der anstehenden Bewachung des Göring-Jagdschlosses Carinhall zu entfernen, nahm der für mich zuständige Kommandeur mit nicht geringem Erstaunen, zu meinem Glück aber vor allem mit Verständnis auf. Ich wurde einer Reserveeinheit des Göring-Regiments in Frankreich zugeteilt. Auch da musste ich immer wieder menschlich schwerwiegende Entscheidungen treffen, die mich, so jung wie ich war, doch zum Nachdenken über Menschenführung veranlassten. Ich hatte meine ganze Kindheit und Jugend hindurch die hierarchische Führungstechnik des Nationalsozialismus erlebt und die hohen Anforderungen an Disziplin und Gehorsam ohne Zweifel verinnerlicht. Doch nun musste ich erfahren, dass Hierarchien und Disziplin allein nicht ausreichten. Ohne den genauen Blick für die Menschen, ohne das Verstehen ihrer Motive lassen sich Menschen nicht überzeugen. Wer Menschen führen will, muss Vorbild sein!

Noch war ich nicht in der Lage, den ganzen Abgrund zu überblicken, in den uns die NS- Ideologie und dieser mörderische Krieg gestürzt hatten. Doch ich begann mir Gedanken zu machen, und meine Beobachtungen, was das Verhalten der NS-Führung und mancher Offiziere betraf, warfen unlösbare Fragen in mir auf. Im Herbst 1942 erfuhr unser Regiment eine Aufrüstung zur Division und wurde nach Rommels letzter Offensive in El Alamein nach Italien verlegt. Nach der Landung der amerikanischen Truppen in Algerien und Marokko verfrachtete man uns Ende März/Anfang April 1943 von Neapel nach Tunis, um auf afrikanischem Boden gegen die amerikanischen und englischen Streitkräfte anzutreten. Es dauerte gerade zwei Monate, bis sich am 5. Mai 1943 in den Bergen bei Mateur in der Nähe von Tunis mein weiteres Schicksal entschied.

An diesem Morgen war ich mit meinem Spähtrupp dabei, einen Berg zu besteigen. Wir hatten Hinweise, dass auf der anderen Seite die Amerikaner näherrückten. Äußerste Vorsicht war geboten. Die letzten achthundert Meter kroch ich gemeinsam mit drei anderen Soldaten durch Gestrüpp und Dornen, um vom Gipfel aus einen Blick in die Ebene zu erhaschen. Kaum hatten wir die ersten Panzer entdeckt, erhielt ich schon einen Schuss durch das rechte Bein. An eine Umkehr war für mich nicht zu denken. Ich befahl meinem Spähtrupp, mich liegen zu lassen und schnellstmöglich den Rückzug anzutreten, bevor wir alle entdeckt würden. Die Kameraden brachten die Meldung von den näherrückenden Amerikanern zurück ins Quartier, und ich harrte der Dinge, die da kommen würden.

Als bald darauf ein amerikanischer Soldat vor mir auftauchte, wussten wir beide kaum, wie wir uns verständigen sollten. Für den Amerikaner war ich der Inbegriff des bösen Deutschen. Ich selbst sprach nur wenig Englisch. Also versuchte ich, ihm meine Verletzung gestenreich deutlich zu machen, und signalisierte, dass ich mich wohl oder übel auf ihn stützen müsse, wenn wir diesen Platz gemeinsam verlassen wollten. Wir sahen uns an, maßen uns mit den Augen. Er hätte mich ohne Weiteres erschießen können, denn die Situation barg ja auch für ihn ein hohes Risiko. Ob ich wirklich kampfunfähig war und blieb, würde sich erst herausstellen, wenn wir gemeinsam den Berg hinunterkletterten.

In dieser Situation äußerster Anspannung entschieden wir uns beide für das Vertrauen. Jeder von uns fasste den Entschluss, dem Anderen, dem Fremden, dem militärischen Feind, als Mensch zu begegnen. Diese Erfahrung hat sich tief in meine Erinnerung eingegraben. Mit der Fairness und Anständigkeit dieses Mannes ist mir ein Beispiel von Menschlichkeit begegnet, das mir auch später in schwierigen Situationen immer vor Augen stand.

Auf den Arm dieses unbekannten Soldaten gestützt, wankte ich einem Lazarett entgegen, das von den Briten geführt wurde. Nur wenige Tage später kapitulierte das aus über 130 000 deutschen und italienischen Soldaten bestehende Afrikakorps, um wie ich den Weg in die britische und amerikanische Gefangenschaft anzutreten.

## Die Kriegsgefangenschaft als Chance

Nach einem halben Jahr in einem nordafrikanischen Lager wurde ich, wie unzählige andere Soldaten auch, per Schiff in die USA transportiert, wo ich die nächsten zwei Jahre in einem Gefangenenlager in Kansas verbrachte. Das Lager Concordia galt als Offizierslager und nahm vier- bis fünftausend Soldaten auf. Dass Concordia vom

Pentagon als Musterlager für die geplante ideologische Umerziehung der Deutschen konzipiert war, wusste ich bei meiner Ankunft nicht. Und noch konnte ich auch nicht ahnen, dass die Jahre in Kansas zu den wichtigsten meines Lebens zählen würden.

Anders als die meisten Soldaten war ich von frühester Jugend an gewohnt, mit mir allein zu sein und mich auf Spaziergängen oder in Momenten der Zurückgezogenheit in einem Zimmer meinen Gedanken zu überlassen. So begeisterte ich mich bald für die Lagerbibliothek und nutzte darüber hinaus die Möglichkeit, Bücher der Universität Kansas auszuleihen und Filme anzusehen. Das Lager Concordia verfügte über eine eigene Hochschule, die die Weiterbildung der Gefangenen ermöglichen sollte. Begierig lernte ich Englisch. Für mich, der durch den Beginn des Zweiten Weltkriegs von den Möglichkeiten eines Studiums abgeschnitten blieb, öffnete sich hinter dem Stacheldraht eines amerikanischen Lagers der Blick auf die Welt. Hier in Concordia erfuhr ich zum ersten Mal von den deutschen Konzentrationslagern. Angesichts des Unfassbaren zerbrachen in mir die Ideale meiner Jugend.

Für einen jungen Mann, der fast seine gesamte Kindheit und Jugend unter dem Banner des Nationalsozialismus verbracht hatte, bedeutete Concordia eine zweite Chance. Nun wollte ich es wissen: Was war da in Deutschland überhaupt passiert? Warum war meine ganze Generation dem Weltbild des Nationalsozialismus erlegen? Obwohl es verboten war, hörte ich fast jeden Tag per Kurzwelle den deutschen Wehrmachtsbericht und erfuhr gleichzeitig durch die freie Presse, wie die Ereignisse in Deutschland und Europa von den USA aus betrachtet wurden. In Vorträgen und Diskussionen wurden uns nicht nur die unterschiedlichsten Themen vorgestellt, sondern in den anschließenden Gesprächen auch auf höchst unterschiedliche Weise debattiert. Aber den nachhaltigsten Eindruck machte auf mich die Persönlichkeit des Lagerkommandanten Captain Strong. Seine unantastbare Korrektheit und seine nie versiegende Höflichkeit uns Gefangenen gegenüber werden mir als Vorbild immer in Erinnerung sein. Was Demokratie wirklich bedeutet, habe ich in dem amerikanischen Kriegsgefangenenlager Concordia zum ersten Mal erfahren!

Im Ganzen betrachtet waren Kameradschaft, Fairness und Disziplin unter den anwesenden Soldaten sehr ausgeprägt, doch ich konnte die Beobachtung machen, dass Selbstdisziplin und Verantwortungsgefühl bei den deutschen Offizieren häufig mit der Höhe des Dienstgrads abnahmen. Auch diese Erfahrung gab mir zu denken.

Von den Veranstaltungen der Lagerhochschule interessierten mich vor allem die Vorbereitungskurse für künftige Ingenieure. Noch hatte ich meinen alten Traum nicht aufgegeben. In der Hochschule traf ich auf einen jungen Mann, der wie ich in Afrika gekämpft hatte und jetzt aktiv an der Lagerzeitung mitarbeitete: Rudolf Wendorff. Er wollte mich für einen Artikel gewinnen und suchte mich in meiner Baracke auf. Und da saß ich in einem selbst gebauten Schaukelstuhl, sichtlich ohne äußere Beschäftigung und erkennbar in intensives Nachdenken versunken. Das hat den jungen Mann beeindruckt. Wir freundeten uns an, verabredeten uns zu gemeinsamem Sport und führten bei unseren täglichen Lagerspaziergängen viele Diskussionen.

Auf Geheiß der Lagerführung hatten wir Gefangenen sogenannte Arbeitseinsätze zu absolvieren. Ich arbeitete auf rund dreißig verschiedenen Farmen in den Staaten des Mittelwestens. Hier habe ich unzählige Beispiele für die selbstbewusste und selbstbestimmte Haltung der amerikanischen Bürger kennengelernt. Wenn es Probleme gab, wurden sie angesprochen, die Menschen krempelten die Ärmel hoch und halfen einander, ohne sich allzu ängstlich an Gesetze und Vorschriften zu klammern. Als anhaltende Regenfälle einmal die Zelte der Gefangenen überfluteten und die Aufseher sich nicht darum kümmern wollten, waren es die Bürger der nahegelegenen Kleinstadt, die uns tatkräftig zur Seite sprangen. »In dieser Kultur, in dieser Gesellschaft kann ich gut leben. Das kann ich befürworten«, dachte ich damals. Diese Form von Gemeinschaft, die Amerika wirklich auszeichnet und die ich später oft wiedergefunden habe, geht auf den Überlebenskampf der ersten Siedler zurück. Geprägt vom amerikanischen Pioniergeist, warten die Menschen nicht ab, bis die Regierung in Washington Hilfe anbietet. Sie suchen immer und zuerst eine Möglichkeit, sich selbst zu helfen.

Wenn ich damals frei hätte entscheiden können, wäre ich in Amerika geblieben! Doch die Genfer Konvention hatte klare Vereinbarungen getroffen. Nach Kriegsende sollten alle Gefangenen ohne Ausnahme in ihre Heimatländer zurückkehren.

Im Herbst 1945 wurde ich nach Europa zurückgebracht und musste noch ein weiteres halbes Jahr in französischer Gefangenschaft verbringen. Diese Monate waren menschlich sehr bedrückend und gesundheitlich schwer zu ertragen. Doch die Zeit in Amerika hatte mich gelehrt, andere Perspektiven zu respektieren, und so konnte ich die Haltung der Franzosen nach dem Krieg verstehen.

Im Winter 1946 war es endlich so weit. In Güterwagen rollten die Gefangenen zurück nach Deutschland, ein Entlassungslager nahe meiner westfälischen Heimat nahm uns auf.

## Die Mitarbeiter von Bertelsmann erwarteten, dass ich die Führung übernahm

Als ich im Januar 1946 in Gütersloh eintraf, war der Anblick ein Schock. Sieben Wochen vor der deutschen Kapitulation am 14. März 1945 hatten Fliegerangriffe meine Heimatstadt in Schutt und Asche gelegt. Große Teile des Bertelsmann-Verlagsgebäudes waren zerstört, auch von den Produktionsstätten war kaum noch etwas übrig.

Die Setzerei war ausgebrannt, das Papierlager mit den halb fertigen Büchern, Rohdrucken und Bögen verkohlt. Mein Elternhaus war von den Engländern beschlagnahmt worden. All das hatte ich nicht gewusst. Und musste nun der Erfahrung standhalten, dass dem Zusammenbruch aller inneren Überzeugungen die nahezu vollständige äußere Zerstörung gefolgt war. Keiner von uns wusste, wie es weitergehen sollte. Und wieder einmal befand ich mich mit meinen persönlichen Lebenswünschen auf verlorenem Posten. In der Lageruniversität von Concordia hatte ich eifrig technische Vorlesungen gehört und war voller Hoffnung, das so lange aufgeschobene Ingenieurstudium doch noch beginnen zu können. Hier in Deutschland machten mir meine Eltern jedoch schnell klar, dass sie in dieser Situation anderes von mir erwarteten. Mein ältester Bruder Hans Heinrich war gefallen, mein zweitältester Bruder Sigbert galt als in Russland verschollen, und mein jüngster Bruder Gerd war mit seinen zwanzig Jahren zu jung, um die Verantwortung für den Verlag zu übernehmen.

Der Gesundheitszustand meines Vaters ließ keinen Zweifel daran, dass er selbst zur Verlagsführung nicht mehr imstande war. Was also tun? Ich erbat mir zwei Tage Bedenkzeit und tat, was ich in schwierigen Situationen meines Lebens immer getan hatte: Ich lief hinaus aus der Stadt und durchquerte stundenlang die Wälder und Felder der näheren Umgebung. Ich musste allein sein.

Bei meinen Gängen durch die schwer getroffene Stadt spürte ich, dass der Satz unseres Fahrers Henke, mit dem er meine Ankunft begrüßt hatte, hier in vielen Köpfen herumgeisterte: »Es ist gut, dass wieder jemand von der Familie da ist!« Etwa hundert Menschen waren bei Bertelsmann geblieben und versammelten sich jeden Tag in den Trümmern. Sie versuchten, Schutt zu beseitigen, einen Überblick zu gewinnen, welche Maschinenteile noch brauchbar sein könnten, und natürlich auch, etwas zu essen zu bekommen. Und ich stellte mich dazu.

In den ersten Wochen haben wir uns gemeinsam durch die Trümmer, die Kälte und die Not gekämpft. Und ich spürte immer deutlicher, wie viele Hoffnungen auf meinen Schultern lagen. Dieser Verantwortung wollte ich mich nicht entziehen. Schon bald sah ich mich mit der Frage konfrontiert, wie der weitere Aufbau zu organisieren war. Ich hatte in den Jahren des Krieges lernen müssen, wie man Menschen auch in schwierigsten Situationen führen konnte und wie außerordentlich wichtig dabei die persönliche Motivation zu bewerten war. Menschen können Außerordentliches ertragen und leisten, wenn sie überzeugt sind, dass ihre persönlichen Ziele mit denen der Gemeinschaft übereinstimmen, wenn sie sich mit den Vorhaben einer Gruppe auch als Individuum identifizieren können. Und ich wusste, dass man in solchen Situationen Vorbild sein muss, um glaubwürdig zu sein.

Die Schwierigkeiten waren enorm. Zwar gelang es unserem findigen Vertriebschef Fritz Wixforth, große Papiervorräte aus Holland herbeizuschaffen, sodass wir eine ganze Reihe unversehrt gebliebener Druckmaschinen wieder in Gang setzen konnten. Doch darüber hinaus fehlte es an allem, was für eine geregelte Produktion nötig war. Bei der Instandsetzung der Produktionsstätten improvisierten wir nach Kräften – auf eine Baugenehmigung wartete hier keiner. Die nötige Kohlebeschaffung war ein weiteres Abenteuer – wiederholt musste ich an den Gemeinschaftssinn der Mitarbeiter appellieren, damit die mühsam herbeigeschafften Vorräte nicht allzu rasch einer privaten »Umverteilung« zum Opfer fielen.

Unsere größte Herausforderung bestand jedoch in der Erlangung der Drucklizenz. Mein Vater war krank, die alte Geschäftsführung unter Gerhard Steinsieck, Gustav Dessin und Theodor Berthoud war für die britische Militärbehörde, die für die Lizenzvergabe zuständig war, nicht länger haltbar. Erst der Rücktritt der drei Geschäftsführer machte am 27. Februar 1946 den Weg frei. Rund einen Monat später erhielt der Bertelsmann Verlag die Lizenz zur Herstellung von Büchern. Inzwischen war Rudolf Wendorff, den ich in meiner amerikanischen Kriegsgefangenschaft kennen- und schätzen gelernt hatte, zu uns nach Gütersloh gekommen und kümmerte sich um das Lektorat.

Obwohl wir dank des hohen Einsatzes aller Mitarbeiter mit dem Wiederaufbau rasch vorankamen und im Sommer 1946 auf eine deutlich gestiegene Produktion blicken konnten, waren die Schwierigkeiten mit der britischen Besatzungsbehörde noch lange nicht zu Ende. Neue Lizenzanträge lösten neue Schwierigkeiten aus, und ich erinnere mich daran, dass ich im Frühjahr 1947 zahlreiche Gespräche mit der britischen Lizenzbehörde in Düsseldorf führen musste.[5]

Die Treffen mit dem für mich zuständigen Offizier Padget-Brown machten deutlich, dass die Briten einem politisch unbescholtenen jungen Mann deutlich mehr Spielraum einräumen würden als meinem durch seine Verlagsführung in den Hitler-Jahren nicht unbelasteten Vater. Im April 1947 übertrug mir mein Vater daher rückwirkend zum 1. Januar 1947 die Firmenleitung der beiden Verlage C. Bertelsmann und Der Rufer. Diese Situation bedeutete für mich eine schwere Bürde, aber auch eine ungeheure Chance. Und ich wollte sie nutzen!

Zu diesem Zeitpunkt war ich fünfundzwanzig Jahre alt und wusste selbst am besten, dass mir eine entscheidende Voraussetzung zur Verlagsführung fehlte: Ich hatte keine Buchhändlerlehre absolviert. Doch die Jahre im Krieg und in der Kriegsgefangenschaft hatten mich vieles gelehrt, was man in keiner Lehre und in keinem betriebswirtschaftlichen Studium erfahren kann. Ich musste lernen, mich in schwierigsten Situationen auf mein eigenes

Denken zu verlassen. Und ich wusste, wie man Menschen überzeugen und begeistern konnte: Ohne Motivation für die Ziele einer Gemeinschaft waren die anstehenden Aufgaben nicht zu bewältigen. Nach den Erfahrungen der NS-Diktatur und ihres Zusammenbruchs und aufgrund meiner nachhaltigen Eindrücke von der Effizienz der amerikanischen Bürgergesellschaft war ich zutiefst davon überzeugt, dass die Hierarchien einer patriarchalischen Führung, wie sie die Generationen vor mir praktizierten, ausgedient hatten. Ich wollte anders führen!

## Persönliche Lehrjahre und erste Schritte hin zu einer neuen Unternehmenskultur

In einer Ansprache zum Jahreswechsel 1946/47[6] appellierte ich an unsere Mitarbeiter, in gegenseitigem »Mut und Vertrauen« die Grundlagen für unseren künftigen Lebensunterhalt zu schaffen. Ich machte aber auch deutlich, dass die anstehenden Verbesserungen unserer Arbeitsmethoden nicht nur der Rentabilität des Betriebs dienen, sondern zudem jedem Einzelnen Vorteile bringen würden, weil er in der weiteren Qualifizierung seiner Arbeitskraft nicht zuletzt für sich selbst Kapital erwarb. Meiner inneren Überzeugung gemäß hatte ich damit, ohne die weitere Entwicklung auch nur im Ansatz überblicken zu können, einen wichtigen Baustein für unsere Unternehmenskultur gelegt und im Ausgleich persönlicher und betrieblicher Interessen einen ersten Schritt zu jenem partnerschaftlichen Unternehmensmodell getan, das ich in den folgenden Jahrzehnten immer detaillierter entwickelte.

Während ich im Sommer 1947 an der Buchhändlerschule in Köln-Marienborn und in der Universitätsbuchhandlung Calvör in Göttingen eine auf das Nötigste konzentrierte Buchhändlerausbildung absolvierte, erhielt ich Gelegenheit, mein neu erworbenes Selbstvertrauen und meine durch die persönlichen Herausforderungen geweckte kaufmännische Ader zu erproben. Zum Abschluss des Lehrgangs in Köln erhielten wir Schüler ein Klausurthema, das in drei Stunden ausgearbeitet werden sollte. Doch so sehr ich mich auch bemühte, mir war und blieb die Aufgabenstellung unverständlich. Als wir nach Wochen die Hefte von unserem Lehrer zurückerhielten, zeigte der sich bekümmert. Die Arbeit sei miserabel ausgefallen – mit einer Ausnahme. Der Schüler Reinhard Mohn habe als Einziger in seiner Arbeit begründet, warum die Aufgabe nicht beantwortet werden könne. Mir hat damals der Mut des Lehrers imponiert. Immerhin räumte er ein, uns Schülern eine unlösbare Aufgabe gestellt zu haben.

Während meiner Lehrzeit in Göttingen sah ich mich dann mit Problemen konfrontiert, die ich von unserem Betrieb in Gütersloh schon sehr gut kannte. Improvisation war auch hier gefragt, denn an allen Ecken und Enden herrschte Mangel. Der Leiter der Universitätsbuchhandlung, Dr. Richter, musste jeden Tag Kunden abweisen, die das eine oder andere wissenschaftliche Buch für ihre Arbeit dringend benötigten. Wie gerne hätte der Mann diese Wünsche erfüllt! Allein, es fehlte das Papier, um Neudrucke vorzunehmen. Ich aber fand schnell heraus, dass man in einer nahegelegenen Papierfabrik mit Namen Feldmühle gegen die Abgabe von Altpapier neues Papier eintauschen konnte, und zwar im Tauschverhältnis zwei Kilo alt gegen ein Kilo neu. Mein Chef war beeindruckt, und so stellte ich ein selbst gemaltes Plakat ins Schaufenster: *1 neues Buch gegen 1 kg Altpapier.* Als ich Göttingen wenig später wieder verließ, hatte sich der Umsatz der Buchhandlung Calvör merklich belebt.

Auch in Gütersloh half uns die Fähigkeit zur Improvisation, vor allem aber der außerordentliche Einfallsreichtum unseres erfahrenen Vertriebschefs Fritz Wixforth, durch die ersten Nachkriegsjahre. Wixforth hatte meinem Vater seit den Zwanzigerjahren mit der Entwicklung immer neuer Vertriebsmodelle zur Seite gestanden, nun wurde er für mich zu einem unentbehrlichen Lehrmeister.

Auf unzähligen Reisen und Firmenbesuchen lernte ich die Qualitäten dieses Mannes kennen. Wixforth war ein Menschenkenner und Menschenfänger: Er konnte die Kunden und Geschäftspartner begeistern und beeinflussen. In den schweren Anfangsjahren war er sich für nichts zu schade. Er griff zur Maurerkelle wie zum Telefon und erwies sich als ein Meister des Tauschhandels, der Schnaps gegen Kohle oder gewaschenes Buchbinderleinen gegen Kartoffeln zu organisieren vermochte. Doch was am wichtigsten war: Die Buchhändler hatten ihn und seine Erfolge nicht vergessen. Dem Vertriebschef Fritz Wixforth und dem Namen Bertelsmann wurde Vertrauen entgegengebracht.

Dank der von Fritz Wixforth in den Niederlanden ausfindig gemachten Papierreserven kam auch in Gütersloh die Produktion allmählich in Schwung. 1946 konnten wir schon an über zweihundert Mitarbeiter regelmäßig

Löhne zahlen. Doch allen Bemühungen zum Trotz kam der Betrieb aus Mangel an technischen Ersatzteilen, Kohle und Papier immer wieder zum Erliegen. Erst mit der Währungsreform am 21. Juni 1948 und dem darauf folgenden Ende des Schwarzhandels stabilisierten sich die Verhältnisse. Im Herbst 1948 und im Weihnachtsgeschäft konnte unser Haus praktisch alles verkaufen, was wir auf Lager hatten. Zu unser aller Erstaunen wollten die Menschen Bücher kaufen, denn noch waren im Handel kaum andere Waren erhältlich. Das deutsche Publikum war begeistert, überhaupt etwas für sein Geld erstehen zu können.

Der Verkaufserfolg des Weihnachtsgeschäfts schien uns zu bestätigen, dass wir uns mit unserer Verlagsarbeit auf dem richtigen Weg befanden. In dem Maße, wie unser Produktionsbetrieb wieder in Gang kam, vergrößerten wir auch die Verlagsproduktion. Um die durch die schweren Kriegsjahre verunsicherten Buchhändler zu ermutigen, entschloss sich Fritz Wixforth, eine in der Vorkriegszeit bewährte Lieferkondition wieder anzubieten: Der Buchhändler sollte erst nach dem Verkauf am Ende des Jahres zahlen müssen und hatte zugleich das Recht, unverkaufte Ware in vollem Umfang zurückzugeben. So belieferten wir im Herbst 1949 den Handel überwiegend mit Rückgaberecht, in der Hoffnung, dass das Publikum wie im Weihnachtsgeschäft 1948 unsere Produktion gut aufnehmen würde.

Inzwischen war jedoch durch die Währungsreform eine entscheidende Wende im Handel und im Warenangebot der Bundesrepublik eingetreten. Die Schaufenster waren wieder voll, und es war nicht verwunderlich, dass die kriegsgeplagten Menschen andere Dinge dringender benötigten als schöne Literatur: Baumaterialien, Nahrungsmittel, Kleider, Schuhe und Strümpfe. So wurde das Weihnachtsgeschäft 1949 für das Haus Bertelsmann beinahe zu einer Katastrophe. Der Verlag musste Anfang 1950 aufgrund des Remissionsrechts eine unvertretbar große Menge Bücher zurücknehmen, sodass die finanziellen Mittel unseres Hauses erschöpft waren. In dieser Situation stellte sich uns die alles entscheidende Frage, ob bei den Menschen in Deutschland das Interesse an Literatur wirklich so gering war, wie es das desaströse Weihnachtsgeschäft 1949 vermuten ließ, oder ob nicht doch andere Gründe für diesen Misserfolg verantwortlich waren. Wir kamen zu zwei Entschlüssen: Das Rückgaberecht für Lieferungen konnte in dieser Form nicht aufrechterhalten werden, und zweitens wollten wir nicht glauben, dass dieses Weihnachtsgeschäft repräsentativ sein sollte für das Interesse des Lesepublikums an unserem Verlagsprogramm.[7]

Für Bertelsmann stand Anfang 1950 die Existenz auf dem Spiel. Aus dieser Situation heraus diskutierten wir die Frage nach anderen Vertriebswegen. Die Erinnerung an die Erfolge im Vertrieb über den Reise-und Versandbuchhandel in der Vorkriegszeit und erste Kontaktaufnahmen zu den Reisebuchhändlern im Frühjahr 1950 führten schließlich zu der Entscheidung, mit Hilfe eines Direktvertriebs zu neuen Kundenkreisen vorzustoßen.

## Die »Königsidee« und die Nöte des Wirtschaftswunders

Wir haben uns die Köpfe heißgeredet und dabei die verschiedensten Modelle überlegt und verworfen. Selbstverständlich wurde auch der Vertrieb von Kassetten diskutiert. Zugleich tauchte die Idee auf, Bücher im Abonnement zu verkaufen. Wir hatten die Hoffnung, dass das Abonnement zu einer hohen Verkaufszahl führen und damit auch eine angemessene Provisionssumme für den Verkäufer ermöglichen würde.

Ganz neu war diese Idee des Buchverkaufs im Abonnement damals nicht. Buchgemeinschaften hatte es in Deutschland schon seit Jahrzehnten gegeben, die Geschichte der Deutschen Buchgemeinschaft ist dafür ein sehr respektables Beispiel. Doch diese Buchgemeinschaften hatten bis dahin die intensive Verkaufstechnik des Direktvertriebs nicht genutzt. Hier setzte die Innovation unseres Modells ein. Wir entschieden uns dafür, das Buchangebot des Hauses Bertelsmann so zu strukturieren, dass es im Abonnement durch Vertreter von Haus zu Haus angeboten werden konnte. Für diesen Vertriebsweg gab es keine Vorbilder. Die Verhandlungen zwischen unserer Vertriebsabteilung und den Geschäftspartnern im Reise- und Versandbuchhandel verliefen entsprechend schwierig und dauerten viele Monate. Niemand von uns kannte die Kalkulation einer Buchgemeinschaft, doch als gutem Mathematiker gelang es mir schließlich, eine für unser Vertriebsmodell maßgeschneiderte Kalkulationsform zu entwickeln. Nun wollten wir den Versuch wagen!

Was von Fritz Wixforth initiiert und von mir rechnerisch auf sichere Füße gestellt worden war, sollte sich schließlich als unsere »Königsidee« erweisen, die Bertelsmann den Durchbruch brachte.

Am 31. Mai 1950 informierte der Bertelsmann Verlag alle Buchhändler in der Bundesrepublik Deutschland schriftlich, dass er am 1. Juni mit einem neuartigen »Lesering« starten wolle. Keiner von uns ahnte, dass wir damit die Geburtsstunde der größten Buchgemeinschaft der Welt einläuteten! Der Bertelsmann Verlag sollte das Programm und die Werbemittel liefern. Der vertreibende Buchhandel hatte die Aufgabe, Abonnenten zu werben und zu beliefern. Die geschäftlichen Konditionen waren klar definiert. Gegen Zahlung eines Monatsbeitrags erhielt jedes Mitglied pro Quartal zwei Bücher. Die Auslieferung sollte der Buchhandel übernehmen, der auch die Zahlungen annehmen und mit Bertelsmann abrechnen würde.

Dieses zweistufige Modell bot sowohl dem Buchhandel als auch dem Verlag Vorteile und hebelte die sonst bestehende Konkurrenzsituation zwischen den Buchhändlern und einer Buchgemeinschaft, die direkt an den Verlag gebunden war, aus. Die Schnittstelle zwischen beiden Stufen wurde durch den Rabatt definiert, wie er auch sonst zwischen Verlag und Handel üblich war. Dank hoher Stückzahlen konnten wir günstigere Ladenpreise als im traditionellen Buchhandel anbieten. Das bot uns die Möglichkeit, auch bildungsärmere Bevölkerungskreise anzusprechen, die den Gang in die Buchhandlung scheuten oder sich im normalen buchhändlerischen Sortiment gar nicht zurechtgefunden hätten.

Das Konzept bewährte sich von Anfang an. Die Verlagerung der Abonnentenwerbung und -betreuung auf den

Handel löste eine ungeheure Vertriebskraft aus und mobilisierte die wirtschaftliche Potenz tausender Firmen. Keine andere Buchgemeinschaft auf der Welt hat sich mit einer vergleichbaren Schubkraft entwickeln können! Doch was uns nun innerhalb kürzester Zeit einen rasanten Umsatzgewinn bescherte, schuf auch ungeahnte Risiken und Herausforderungen.

Die Weiterentwicklung des Leserings hin zum Buchclub war gekennzeichnet durch jahrelange Lernprozesse und das kreative Entwickeln immer neuer Lösungen für das Überwinden von Hindernissen. So stellte sich in den ersten Monaten des Leserings heraus, dass die bestechende Idee eines Einheitspreises für alle Bücher des Programms nicht einzuhalten war. Die Kunden entschieden sich für die in der Herstellung teureren Werke, die Kalkulation ging nicht auf. Wir mussten uns unverzüglich zu einer Differenzierung der Preise mit entsprechenden Zuzahlungsbeträgen durchringen.

Kaum war diese Erfahrung verarbeitet, sahen wir uns im Jahr 1951 mit einer nicht für möglich gehaltenen Steigerung des Papierpreises konfrontiert. Im Frühjahr des Jahres wurde deutlich, dass bei solchen Marktpreisen unsere Kalkulation nicht mehr aufging und das Verlagshaus mit riesiger Geschwindigkeit auf den nächsten finanziellen Abgrund zusteuerte. Zu dieser Zeit hatte der vertreibende Handel schon nahezu hunderttausend Abonnenten geworben. Die Werbeerfolge waren glänzend. Fritz Wixforth und die Vertriebspartner rieten dringend, diesen Prozess nicht durch die Anhebung des Monatsbeitrags zu stören. Diese an sich richtige betriebliche Einschätzung der Lage musste aber mit den kalkulatorischen Erfordernissen in Einklang gebracht werden. In äußerst harten und langwierigen Konferenzen konnten wir uns schließlich auf eine Anhebung um zwanzig Prozent verständigen. Der erwartete Einbruch an der Werbefront und der befürchtete Absprung der Abonnenten blieben aus. Die erstaunliche Akzeptanz des Buchgemeinschafts-Abonnements hatte sich eindrucksvoll bestätigt!

Schon Ende 1950 hatte der Lesering zweiundfünfzigtausend Mitglieder, ein Jahr nach der Gründung lagen wir bereits bei hunderttausend eingetragenen Lesern, bis Ende 1954 hatten wir eine Million Mitglieder gewonnen! Doch diese Zeit glänzender Erfolge bescherte mir auch eine Kehrseite. Der nicht für möglich gehaltene Erfolg in der Vertreterwerbung führte zu Finanzierungsproblemen, wie sie in der Wirtschaft heute kaum vorstellbar sind. Der Umsatz des Hauses Bertelsmann verdoppelte sich über eine lange Periode Jahr für Jahr. Die Finanzierung der Werbeinvestitionen, des Umlaufvermögens und der notwendig werdenden Investitionen konnten mit den vorhandenen Mitteln und den damals noch recht bescheidenen Gewinnen nicht bestritten werden. Mitten in seiner Erfolgsgeschichte musste Bertelsmann deshalb aus Mangel an finanziellen Mitteln zeitweise die Werbung stoppen oder drastisch reduzieren. Der vertreibende Buchhandel sah darin eine entscheidende Beeinträchtigung seiner Interessen und bemühte sich um alternative Lösungen. Eine Reihe von Vertriebsfirmen orientierte sich damals um zu anderen Buchgemeinschaftsunternehmen.

Diese Situation war für mich und meine Verlagsführung äußerst schmerzlich. Zu meinem unternehmerischen Alltag gehörten schlaflose Nächte, abgebrochene Urlaube und eine wechselvolle Odyssee zu den Banken, die ich von unserem nicht enden wollenden Investitionsbedarf überzeugen musste. Der Druck war enorm. Für das, was wir vorhatten, für das, was wir ausprobieren wollten und mussten, um auf unvorhergesehene Ereignisse reagieren zu können, gab es keine vorgezeichneten Wege und keine Vorbilder.

Zum Zeitpunkt der Währungsreform hatte das Haus Bertelsmann bei geringer Geschäftstätigkeit kaum nennenswertes Eigenkapital. Die hohe Besteuerung der Gewinne aufgrund der von den Alliierten erlassenen Gesetzgebung erlaubte darüber hinaus auch keinerlei nennenswerte Kapitalbildung. Der von uns gegründete Lesering erreichte zwar die geplante Rendite, die sich daraus ergebenden Gewinne reichten aber nicht annähernd aus, um das schnelle Wachstum und die riesigen Werbeinvestitionen zu finanzieren. Die nicht aktivierungsfähigen Werbeaufwendungen belasteten den Bilanzgewinn.

Die Banken registrierten zwar die Umsatzsteigerung des Hauses Bertelsmann, werteten jedoch die mangelnden Bilanzgewinne als Indiz mangelnder Seriosität. Aus der Perspektive der Finanzhäuser ließ unsere Bilanz erkennbare Aktivposten vermissen. Dass auch Abonnenten mit ihrer Abnahmeverpflichtung einen Wert repräsentierten, erschien den potenziellen Geldgebern wenig glaubhaft. So blieb dem Haus Bertelsmann die Möglichkeit einer Kreditaufnahme praktisch völlig versperrt.

Einen Ausweg bot uns später die Wechselfinanzierung. Die Vertriebsfirmen zahlten ihre Verpflichtungen mit Wechseln, die der Verlag dann zum Diskont geben konnte. Über lange Jahre hat Bertelsmann seine Expansion mit

Hilfe dieses Finanzierungsinstruments gemeistert. Allen Beteiligten und ganz sicher auch den Banken ist dabei das Risiko bewusst gewesen. Ich habe so viele Nächte nicht geschlafen, dass ich meine Kräfte nur noch durch autogenes Training erneuern konnte.

Unablässig dachte ich über Finanzierungswege nach, und meine Situation glich bald dem Bild des Goethe'schen Zauberlehrlings, der der herbeigerufenen Wassermassen kaum mehr Herr werden kann. Unsere Situation war nicht selten abenteuerlich. In der stürmischen Zeit des Wirtschaftswunders hat Bertelsmann immer wieder am Rande der Illiquidität operiert.[8]

Letztlich konnten nur unsere unerschütterliche Überzeugung und die erst später einsetzende Gewissheit, dass die Kalkulation richtig war und sich erhebliche Gewinne einstellen würden, eine solche Unternehmenspolitik rechtfertigen. Am Ende gelang die Finanzierung, weil das Produkt des Leserings seine Kunden überzeugte.

Zur Beurteilung des finanziellen Risikos sei noch darauf verwiesen, dass es die heute üblichen Instrumente der Budgetierung und Erfolgsrechnung damals nicht gab. Der Kompass für die Geschäftspolitik waren die Soll-Kalkulation und die Handelsbräuche. Man lebte eher von der Hand in den Mund, stets am Rand des Abgrunds. Sorgfältige Finanzdispositionen und eine mittelfristige Finanzpolitik waren in dieser Situation nicht anwendbar. Wenn man sich einmal zu weit vorgewagt hatte, musste eben die Bremse gezogen werden. Die guten Verbindungen des Hauses Bertelsmann zu den Partnern des Handels wie auch zu den Lieferanten und Banken ermöglichten es zum Glück immer wieder, aus nahezu ausweglosen Situationen doch einen Weg zu finden. Eine so risikoreiche Firmenentwicklung würde heute keine Bank in Deutschland mehr finanzieren. Doch auch damals hatten wir die Vorstellungs- und Kooperationsbereitschaft der kreditgebenden Institute bald erschöpft. Ich musste andere Finanzierungsmöglichkeiten finden.

Wieder einmal half mir meine Fähigkeit zum Nachdenken. Unter meinen Mitarbeitern kursierte damals der Spruch, dass Reinhard Mohn sich alljährlich in die Weihnachtsferien verabschiede, um am 2. Januar als ein neuer Mensch in die Firma zurückzukehren. Da ist etwas dran. In dieser stürmischen Zeit des Unternehmensaufbaus benötigte ich meine Zeit zum Nachdenken mehr denn je. Um der in den Fünfzigerjahren außerordentlich hohen Steuerlast zu entgehen, entwickelte ich gemeinsam mit meinen Mitarbeitern ein Modell, jene Summen, die Bertelsmann alljährlich dem Finanzamt zu zahlen hatte, als Gewinnbeteiligung an die damals zweitausendsechshundert Beschäftigten auszuschütten – unter der Voraussetzung, dass unsere Mitarbeiter diese Beträge dem Unternehmen gegen zwei Prozent Zinsen als langfristigen Kredit zur Verfügung stellten. Dieses Modell entsprach völlig meinem partnerschaftlichen Verständnis von Mitarbeiterbeteiligung, denn es brachte beiden Seiten Vorteile. Eine alte Tagebuchnotiz Rudolf Wendorffs belegt, dass ich schon 1946 über die Möglichkeiten der Gewinnbeteiligung nachgedacht hatte.[9]

Wir haben dieses erste Modell der Gewinnbeteiligung in den Jahren 1951 bis 1954 erprobt und es dann aufgrund veränderter steuerlicher Bedingungen durch eine betriebliche Pensionsregelung abgelöst. Unsere Mitarbeiter freuten sich über das ansehnliche Guthaben, das inzwischen auf ihren Konten zu verzeichnen war, und ich hatte mit dem Modell der Gewinnbeteiligung ein für Bertelsmann wegweisendes soziales Instrument entdeckt, das mich in den folgenden Jahrzehnten noch mehrfach beschäftigen sollte.

# Erfahrungen eines Unternehmers

## Bausteine einer Unternehmenskultur

In jeder freien Minute, auf unzähligen Spaziergängen in und um Gütersloh, wo die dort ansässigen Menschen sich längst an das Bild des an Wintertagen mitunter abenteuerlich vermummten Langstreckenläufers Reinhard Mohn gewöhnt hatten,[10] dachte ich darüber nach, wie die Aufgaben einer verantwortungsvollen Unternehmensführung mit den Bedingungen einer dynamischen Expansion in Einklang zu bringen waren. Die im Haus Bertelsmann traditionell verankerte Form einer eher zentralistisch-patriarchalischen Führung wurde durch die Größe des stetig wachsenden Unternehmens bald ad absurdum geführt. Mir war klar, dass es unter diesen Bedingungen für die Unternehmensspitze gar nicht mehr möglich war, die Vielfalt der Probleme zu übersehen, geschweige denn kreativ zu lösen. Die ersten Aufbaujahre hatten mir deutlich vor Augen geführt, dass weder ich persönlich noch die bisherige Führungsgruppe die Verantwortung für den weiteren Unternehmensausbau tragen konnten. Wenn Bertelsmann noch mehr wachsen sollte, musste ich die Verantwortung und Führungskompetenz delegieren!

Dieser Prozess war schmerzhaft und schwierig zugleich. Die zweite Ebene, die bisher nie selbstständig zu entscheiden hatte, sah sich den neuen Aufgaben kaum gewachsen. Die Durchsetzung des neuen Organisationsprinzips verlangte Schulungen, Beratungen sowie eine äußerst zeitintensive und sorgfältige Personalarbeit. Noch konnten wir den Erfolg der Methode nur erhoffen, eine Sicherheit dafür gab es nicht. Erst viele Jahre später sollte sich herausstellen, dass diese Investitionen für den Erfolg des Hauses Bertelsmann und die Wahrung seiner unternehmerischen Kontinuität die entscheidende Grundlage bildeten.

Meine Erfahrungen im Krieg und im Wiederaufbau brachten mich zu der Überzeugung, dass Gerechtigkeit und Menschlichkeit die Grundlage unserer betrieblichen Gemeinschaft bildeten. Immer wieder hatte ich in den schwierigen Anfangsjahren erfahren, dass verantwortliche Führungsarbeit die Belange und Überlegungen der für ein Unternehmen tätigen Menschen einbeziehen musste, wenn sie erfolgreich sein wollte. Nur motivierte Mitarbeiter sind auch gute Mitarbeiter! Die Bewältigung der ersten Nachkriegsjahre hatte mir zudem verdeutlicht, dass der partnerschaftliche Umgang mit den Mitarbeitern und die daraus erwachsende Kreativität der Diskussionen einen unentbehrlichen Schlüssel zum Unternehmenserfolg darstellten. Diese Kreativität galt es zu sichern.

Ohne je Betriebswirtschaft studiert zu haben, sammelte ich in meiner Funktion als Verlagschef eines so rasant wachsenden Unternehmens doch wegweisende Erfahrungen. Die stürmischen Jahre des Wirtschaftswunders waren eine Zeit des Umbruchs und des Neubeginns, und mir wurde bewusst, dass angesichts des Unvorhersehbaren die Kräfte der Motivation, Identifikation und Kreativität das eigentliche Fundament unseres wachsenden Erfolgs darstellten.

Ab 1952 verstärkten wir den Ausbau unserer Fachverlage, von denen vor allem die Lexikonabteilung dem Haus Bertelsmann zu neuer Markenkompetenz verhalf. Um all das zu bewältigen, mussten wir im drucktechnischen Bereich auf dem neuesten Stand sein. Bereits 1956 führten wir das Offsetdruckverfahren ein. Im gleichen Jahr entschloss sich Bertelsmann mit der Gründung des Schallplattenrings zum Einstieg in das Schallplattengeschäft. Die Schallplattenfirma Ariola sowie das Presswerk Sonopress wurden 1958 gegründet. Jeder dieser Schritte stellte ganz eigene unternehmerische Herausforderungen dar und ließ mich die daraus erwachsende Organisationsstruktur stets aufs Neue überdenken.[11] Wo standen wir? Was konnten wir besser machen? Bei all diesen Überlegungen erwies sich meine Entscheidung zur Delegation der Verantwortung als Volltreffer. Nur im Verbund mit kreativen Köpfen, die den von mir eingeräumten Handlungsspielraum als unternehmerische Chance begriffen, ließ sich das mittelständische Verlagshaus Bertelsmann weiter ausbauen. Dabei entwickelte sich der beständige Dialog mit den Mitarbeitern zu einem wegweisenden Führungsinstrument. In unzähligen Gesprächen bestätigte sich, dass die Identifizierung desjenigen, der Verantwortung für ein Unternehmen übernehmen soll, zu den unentbehrlichen Leistungskriterien gehört. Die Bereitschaft der Mitarbeiter, sich für die Weiterentwicklung ihres Unternehmens einzusetzen und selbstständige Entscheidungen zu treffen, würde nur dann zum Erfolg führen, wenn sie sich auch mit den Zielen der betrieblichen Gemeinschaft identifizieren konnten.

Als Unternehmer dachte ich unablässig über die Strategien eines betrieblichen Miteinanders nach und begann erste Bausteine einer unternehmerischen Kultur zu entwickeln, die mir im Umgang mit meinen Mitarbeitern unverzichtbar erschienen.[12] Viele Anregungen entstanden aus dem engen Verbund des betrieblichen Miteinanders, dem damals noch unmittelbaren Kontakt mit den Mitarbeitern unseres Hauses. Meine Generation, die ihre Jugend im Krieg verbringen musste, hat in den Jahren des Wiederaufbaus nicht nur hart gearbeitet – die Unternehmensführung und die Mitarbeiter haben nach Dienstschluss auch voller Lebenslust und Lebensfreude miteinander gefeiert. Die Bertelsmann-Betriebsfeste waren legendär! Diese Offenheit des betrieblichen Miteinanders schärfte mein Gespür für die Hoffnungen und Nöte der mir anvertrauten Menschen und für ihre Bedürfnisse als Mitarbeiter eines schnell wachsenden Unternehmens.

Ich hatte einige Auseinandersetzungen zwischen dem Arbeitgeberverband und der Gewerkschaft Druck und Papier erlebt und war seitens der Arbeitgeber mit dem Beschluss zur Aussperrung meiner Mitarbeiter konfrontiert worden. Diese Erfahrung wurde mir zum Schlüsselerlebnis! Mein Menschenbild war durch Krieg und Zusammenbruch, vor allem aber durch den unbedingten Zusammenhalt beim Wiederaufbau des Hauses Bertelsmann geprägt worden. Aus diesem Grund war es mir unmöglich, die Menschen, die gemeinsam mit mir den Schutt und die Trümmer beiseite geräumt hatten, wegen überschaubarer Interessenkonflikte auf die Straße zu setzen. Und so suchte ich den direkten Dialog mit dem Betriebsrat und verzichtete für die Zukunft auf die Mitgliedschaft in einem Arbeitgeberverband.[13] Trotzdem war Bertelsmann bereit, alle Änderungen und Neuregelungen des Manteltarifs verbindlich anzuerkennen und mit dem Betriebsrat abzustimmen.

Was ich damals aus persönlicher Überzeugung heraus entschieden hatte, sollte sich in den folgenden Jahrzehnten als wegweisendes Element für das Modell einer partnerschaftlichen Unternehmenskultur erweisen. Der beständige Dialog zwischen Unternehmensführung und Betriebsrat gehört bis heute zu unseren wichtigsten Errungenschaften. Nach allem, was ich als junger Unternehmer in diesem ersten Nachkriegsjahrzehnt erleben durfte, erwiesen sich gerade der partnerschaftliche Umgang und die daraus erwachsende Motivation der Mitarbeiter als der eigentliche Motor unseres unternehmerischen Fortschritts. Diese Form menschlicher Kooperation schien mir der bessere Weg in die Zukunft zu sein.

Im Jahr 1960 konnte Bertelsmann auf 125 Jahre Firmengeschichte zurückblicken. Wie sehr hatten sich die Bedingungen unternehmerischen Handelns seit damals verändert! Und doch gab es Konstanten einer unternehmerischen Ethik, die mir meine Familie vorgelebt hatte und die ich in eine zeitgemäße Form führen wollte. Mir wurde bewusst, dass die Verantwortungsbereitschaft des Einzelnen nicht von der Verantwortung des Unternehmens gegenüber der Gesellschaft zu trennen ist. Im persönlichen Bereich waren die Formen religiöser Unterweisung, wie sie meine Eltern noch praktiziert hatten, für mich nicht mehr zeitgemäß. Ich suchte nach Antworten, die den Menschen in seiner Individualität ernst nahmen und ihn dennoch in verantwortlichem Handeln mit der Gemeinschaft verbanden. In meiner Aufgabe als Unternehmer wollte ich Formen finden, die das betriebliche Miteinander in sozial gerechten Betriebsstrukturen verankerten. Mein persönliches Einstehen für Menschlichkeit und Verantwortung sollte kein Lippenbekenntnis bleiben!

Mein Ziel stand mir vor Augen, doch die Wege dorthin setzten viele Überlegungen voraus, die in den randvollen Arbeitswochen nicht zu leisten waren. Und wieder half der mir eigene Drang zum ungestörten Nachdenken in der Natur. Damals bin ich fast jedes Wochenende vierzig Kilometer in den Wäldern und Feldern meiner westfälischen Heimat gelaufen. So konnte ich in Ruhe durchdenken, was die harte Arbeitswoche an Fragen aufgeworfen hatte, und darüber hinaus die gedanklichen Bausteine für eine erste Unternehmensverfassung definieren, mit der wir auf dem Gebiet der Unternehmenskultur in Deutschland zum Vorreiter werden sollten. Im Jahr 1960 gingen wir mit diesen Überlegungen an die Öffentlichkeit und stellten die »Bertelsmann Grundsatzordnung« anlässlich des 125-jährigen Firmenjubiläums vor. Meiner inneren

Überzeugung gemäß hatte ich dieser Unternehmensordnung folgende ethischen Überlegungen vorangestellt:

*Im Mittelpunkt all unserer betrieblichen Überlegungen steht der Mensch. Ihm zu dienen ist die erste Aufgabe unseres Unternehmens. Wir beurteilen unsere Arbeit daher nach dem Wert, den sie für unsere Mitmenschen hat.*[14]

Als wesentliche Bausteine auf dem Weg zu einem partnerschaftlichen Miteinander definierten wir *Gerechtigkeit und gegenseitige Achtung, Verantwortung gegenüber dem Betrieb*, *Führung*, *persönliche Initiative*, *vorausschauende Planung*, *Aufstiegschancen* und das Verhältnis von *Arbeit und Entlohnung.*[15]

Ein weiteres bedeutsames Element lag in meiner unternehmerischen Selbstverpflichtung, *den Gewinn der Firma nur im Rahmen einer angemessenen Leistungsentschädigung für den privaten Gebrauch in Anspruch zu nehmen* und als *Eigentümer des Kapitals* im Sinne des Unternehmens und gemäß meiner *sozialen Verpflichtung* zu handeln.[16]

All das war damals keineswegs selbstverständlich und ist es leider bis heute nicht. Doch genau dieses Ethos gehörte und gehört zu meinem Verständnis der unternehmerischen Vorbildfunktion, ohne die soziale Gerechtigkeit im betrieblichen Miteinander nicht zu realisieren ist. Ich war zuversichtlich, dass es uns mit Hilfe dieser neuen betrieblichen Grundsatzordnung möglich sein würde, den von uns eingeschlagenen Weg der äußeren Expansion und der innerbetrieblichen Entwicklung fortzusetzen.

## Von der Welt lernen

Vor dem Zweiten Weltkrieg hatte das Haus Bertelsmann relativ wenige Beziehungen zu anderen Ländern aufgebaut, weder in Europa noch sonst in der Welt. Ich wollte das ändern! Beeinflusst von meinen positiven Erfahrungen in der amerikanischen Kriegsgefangenschaft, war es mein persönliches Anliegen, alle großen Märkte kennenzulernen. Schon in den Fünfzigerjahren unternahm ich ausgedehnte Studien- und Geschäftsreisen innerhalb Europas und der USA. Es zeichnete sich ab, dass wir recht bald die Kapazitäten des deutschen Marktes ausgeschöpft haben würden, und so begann ich, mich nach neuen möglichen Standorten außerhalb Deutschlands umzusehen.

Innerhalb Deutschlands war es uns mit Hilfe des Leserings gelungen, völlig neue Käuferschichten zu erschließen. Menschen, die früher nie einen Schritt in eine Buchhandlung getan hatten, wurden durch den Direktvertrieb zu begeisterten Lesern. Bis 1960 hatten wir in Deutschland bereits über zweieinhalb Millionen Leser gewonnen! Nach den stürmischen Aufbaujahren stellte sich in den Sechzigerjahren die Aufgabe, den Kundenbestand zu sichern und die Arbeitsverfahren zu verfeinern. Eine neue Generation von Führungskräften übernahm diese Aufgabe, und das Produkt »Lesering« konnte in Methodik und Verfahrensweise deutlich verbessert werden. Die Verlagerung der Werbung auf die Methoden der schriftlichen Werbung und der Freundschaftswerbung stabilisierte den Bestand angesichts der zunehmend eingeschränkten Möglichkeiten der direkten Vertreterwerbung. In Deutschland hatten wir die Marktführerschaft erreicht. Unsere stabile wirtschaftliche Position erlaubte uns nun, verstärkt über ein Engagement im Ausland nachzudenken. Doch auch hier waren sehr viele Überlegungen, Kontaktaufnahmen und Sondierungen der fremden Märkte nötig, bis wir tatsächlich mit unserer Auslandsarbeit beginnen konnten.

Um die kulturellen Bedingungen und Produktionsvoraussetzungen zu prüfen, reiste ich in den Fünfziger- und Sechzigerjahren um die ganze Welt. Ich war davon überzeugt, dass die Kooperation mit einem Verlagsvertreter der jeweiligen Nation notwendig sei, um ein ausreichendes Angebot an Literatur des beteiligten Landes in unser Programm aufnehmen zu können. Das von uns erprobte Direktvertriebsmodell wiederum konnte die organisatorischen Rahmenbedingungen liefern, um auch im fremdsprachigen Ausland neue Leser zu mobilisieren.

Eine meiner sorgfältig vorbereiteten Studienreisen führte mich 1957 nach Moskau.[17] Ich wollte mich über die wirtschaftliche und kulturelle Entwicklung in der damaligen Sowjetunion informieren und flog im Oktober von Hannover nach Ostberlin, um von dort aus mit dem Zug über Warschau nach Moskau zu reisen. Wie ich es mir zur Gewohnheit gemacht hatte, hielt ich in einem Reisebericht meine Eindrücke fest.[18]

In Moskau sprang mir das Missverhältnis zwischen den Moskauer Prachtstraßen, den beeindruckenden historischen Bauten und dem niedrigen Lebensstandard der Bevölkerung ins Auge. Meine Besuche im Moskauer Iswestija Verlag, der Musterdruckerei Zhdanow und im Verlagshaus der *Prawda* gewährten mir einen Einblick in die Realität planwirtschaftlicher Betriebsorganisation. Trotz teilweise hervorragender Leistungen ließen der fehlende Wettbewerb und die streng bürokratische Verwaltung, die häufig unfreundlichen Arbeitsräume und das gänzliche Fehlen sozialer Einrichtungen bei mir keinen Zweifel daran aufkommen, wie weit sich die wirtschaftliche Entwicklung im Westen Europas von der im Osten entfernt hatte. Lebenslust und Lebensfreude, wie sie in Europa nach den Kriegsjahren allerorts zu beobachten waren, fehlten im öffentlichen Leben der russischen Hauptstadt völlig. Und so notierte ich damals: »Moskau schrecklich solide!«[19] Doch in der gesellschaftspolitischen Betrachtung beeindruckten mich die außerordentliche Festigkeit des politischen Systems und die in zahlreichen Diskussionen vorgebrachten Überzeugungen der revolutionären Errungenschaften.

Als Verleger beeindruckten mich vor allem die zahlreichen Buchhandlungen in der Moskauer Innenstadt. Staunend lief ich durch die Straßen der russischen Hauptstadt. Ich verfügte nur über geringe Kenntnisse der zeitgenössischen Literatur der UdSSR, doch hatte die mir bekannte klassische Literatur Russlands hohe Erwartungen in mir geweckt. Ein Land mit so vielen wunderbaren und anspruchsvollen Schriftstellern ließ auf weitere literarische Entwicklungen hoffen. Das persönliche Fazit meines Reiseberichts lautete: »Die Russen sind in der Lage, den Kommunismus zu leben.«[20] Doch über die Aufnahme einzelner russischer Autoren in das Bertelsmann-Verlagsprogramm hinaus war an eine weiterreichende wirtschaftliche Kooperation mit der UdSSR damals noch nicht zu denken.[21]

Den ersten europäischen Partner, mit dem die von mir angestrebte partnerschaftliche Kooperation wirklich zu realisieren war, fand ich auf der Frankfurter Buchmesse im Herbst 1961. Gemeinsam mit spanischen Unternehmern gründete ich 1962 in Barcelona die Buchgemeinschaft Círculo de Lectores. Was von meinen Mitarbeitern und mir mit viel Elan vorangetrieben wurde, sollte uns jedoch bald vor ungeahnte Schwierigkeiten und Hürden stellen.

Die deutsche Vertriebserfahrung genügte nur teilweise den Anforderungen des spanischen Marktes. Vor allem in den ländlichen Regionen konnten die Bücher den Kunden nicht auf dem Postwege zugestellt werden. Stattdessen musste eine komplizierte und teure Botenorganisation aufgebaut werden. Darüber hinaus erwies sich die Kooperation mit den spanischen Partnern und Behörden als unerwartet schwierig. In Spanien herrschte das Franco-Regime, das eine strenge Kontrolle und Reglementierung in allen gesellschaftspolitischen Bereichen des Landes ausübte. Ausländischen Investitionen im Verlagswesen stand die Regierung misstrauisch bis ablehnend gegenüber, denn in dem von Zensur kontrollierten Land schien die Einführung freien Gedankenguts die Gefahr moralischer Zersetzung und die Aufweichung der totalitären Ordnung zu bedeuten. Die für das Bildungswesen zuständigen Franco-treuen Politiker und Beamten traten uns mit Unkenrufen entgegen: »En España no se lee«, »In Spanien liest man nicht«, lautete ihr niederschmetternder Schlachtruf, und wir mussten uns wohl oder übel der Einsicht stellen, dass wir die Schwierigkeiten bei der Übertragung eines Bildungsguts in eine völlig andere Kulturlandschaft und eine andere politische Ordnung unterschätzt hatten.

Und doch war ich nicht bereit aufzugeben. Der erste Clubkatalog vom Oktober 1962, auf dessen Titelseite der Harlekin von Picasso einen Kunstband ankündigte, versammelte Autoren der Weltliteratur: Faulkner und Dostojewski, Cervantes und Ortega y Gasset, Steinbeck, Hemingway und viele andere. Und die Menschen griffen zu. Die Spanier, die nach Auffassung ihres Regimes so gar keine Leselust verspürten, bescherten unserer ersten ausländischen Clubgründung eine schwindelerregende Entwicklung. Schon sechs Jahre später, im Jahr 1968, konnte der Círculo de Lectores einen Kundenstamm von einer halben Million Mitglieder aufweisen.

Was uns als Terra incognita empfangen hatte, wuchs sich aus zu einer blühenden Kulturlandschaft, bei der sich der Club in den folgenden Jahrzehnten nicht länger auf die Veröffentlichung der Autoren beschränkte, sondern in den eigens dafür geschaffenen »centros culturales« in Madrid und Barcelona Lesungen und persönliche Auftritte der internationalen Autoren organisierte. Diese Veranstaltungen wurden von der spanischen Öffentlichkeit begeistert aufgenommen.[22]

Die außerordentliche Dynamik der Entwicklung in Spanien führte dazu, dass der Círculo de Lectores schon in der zweiten Hälfte der Sechzigerjahre den Sprung über den Atlantik wagte. Innerhalb von zehn Jahren gründeten wir Clubs in zahlreichen lateinamerikanischen Ländern.[23] In Venezuela konnte der Circulo de Lectores bereits 1967 etwa sechshundert Mitglieder beliefern, in Mexiko kam es 1969 zur offiziellen Círculo-Gründung, 1971 wurde in Argentinien der Círculo de Lectores eröffnet. Brasilien stieß 1972 dazu, und in den Folgejahren erweiterte sich die Círculo-Familie um Ecuador, Uruguay, Peru, Chile und Costa Rica.

Der Aufbruch nach Lateinamerika forderte von uns echten Pioniergeist. Aufgrund eines schlechten und mitunter fehlenden Postsystems begannen wir früh, ein Botensystem zur Anwerbung und Betreuung der Mitglieder zu installieren, wie es sich bereits in den ländlichen Regionen Spaniens bewährt hatte. Und so gehört es zu meinen eindrucksvollsten Erinnerungen, Indianerdörfer besucht zu haben, in denen rund achtzig Prozent der Bewohner begeisterte Leser wurden. Die Kultusminister dieser Länder waren begeistert – eine solche Bildungsförderung hatten sie noch nicht erlebt.

Doch was sich kulturhistorisch als Pionierleistung erwies, konnte der politisch wechselvollen und wirtschaftlich unsicheren Geschichte des südamerikanischen Kontinents auf Dauer nicht standhalten. Und so mussten die dortigen Clubs im Lauf der Jahre in neue Partnerunternehmen integriert oder mitunter auch völlig aufgegeben werden. Und ich lernte, dass Herausforderungen dieser Größenordnung nicht ohne schmerzliches Lehrgeld zu bewältigen sind. Bis heute ist mir unser Engagement in Lateinamerika ein wertvoller Erfahrungsquell geblieben.

In Spaniens Nachbarland Portugal brach nur kurz nach der Clubgründung 1974 die sogenannte »Nelkenrevolution« aus und stellte den jungen portugiesischen Círculo vor eine harte Bewährungsprobe. Doch anders als den Clubs in Südamerika gelang es dem portugiesischen Club, sich langfristig zu behaupten und sich über Jahrzehnte hinweg zu einer wertvollen kulturellen Instanz der portugiesischen Gesellschaft zu entwickeln.

Auch in den Deutschland unmittelbar benachbarten europäischen Ländern fanden wir ab Mitte der Sechzigerjahre verstärkt verlegerische Partner. 1966 beteiligte sich Bertelsmann an der österreichischen Buchgemeinschaft Donauland, 1970 wurde France Loisirs gegründet. In Italien hatten wir 1968 Kontakt zu dem Verleger Tito Legrenzi aufgenommen, der sein Lebenswerk, die Papierfabrik Cartiere del Garda und das traditionsreiche Istituto Italiano d'Arti Grafiche, aus Altersgründen verkaufen wollte und der sich für Bertelsmann im Ausbau des italienischen Marktes menschlich wie sachlich als äußerst zuverlässiger Partner erwies. Auch in so unterschiedlichen Regionen und Ländern wie in Skandinavien, Israel und dem ehemaligen Jugoslawien kam es zu Clubgründungen. Alles in allem stellte uns die zunehmende Internationalisierung der Buchclubarbeit vor große neue Aufgaben. Nicht nur die Organisation der Clubstruktur musste ständig verfeinert und sowohl den unterschiedlichen Bildungsvoraussetzungen als auch der Kaufkraft in den verschiedenen Ländern angepasst werden. Um über ein für diese Nationen ausreichendes originalsprachliches Angebot zu verfügen, beteiligten wir die dortigen Verleger am Aufbau des jeweiligen Buchclubs. Diese Kooperation hat uns hinsichtlich der nationalen und kulturellen Besonderheiten sehr geholfen. Aus verlegerischer Sicht sei angemerkt, dass es uns erst durch die hohen Auflagenzahlen der Buchclubs möglich war, weltweit auch sehr anspruchsvolle Literatur ins Programm aufzunehmen und deren Autoren in bisher ungeahnter Weise populär zu machen. Vor allem in den kulturell bis dahin wenig erschlossenen Regionen wie Lateinamerika haben Autoren wie Octavio

Paz, Ernesto Sabato und Pablo Neruda dank der Buchclubarbeit mittlerweile volkstümliche Popularität erlangt.

In den späten Sechziger- und frühen Siebzigerjahren stellte die Internationalisierung der Clubarbeit auch die Weiterentwicklung der betrieblichen Organisation und die Führungsbefähigung des Unternehmens Bertelsmann vor erhebliche Herausforderungen. In Deutschland bauten wir die in den Fünfzigerjahren begonnene Produktdiversifikation weiter aus. Mit dem Kauf der UFA-Aktien von der Deutschen Bank legten wir 1964 den entscheidenden Grundstein für unser späteres Film- und Fernsehgeschäft, das bereits 1960 mit der Gründung der Bertelsmann Fernsehproduktionsgesellschaft (BFP) in kleinen Schritten begonnen hatte. Im Jahr 1969 gelang uns der Sprung in das Zeitschriftengeschäft über eine 25-prozentige Beteiligung am Hamburger Verlagshaus Gruner + Jahr. Nur vier Jahre später, bereits 1973, vermochten wir die Minderheitsbeteiligung in eine Mehrheitsbeteiligung umzuwandeln, und Gruner + Jahr entwickelte sich in den folgenden Jahrzehnten zu einem bedeutenden Unternehmensbereich.

## Gewährleistung der Führungsqualität

Je rasanter sich das Unternehmen Bertelsmann auf unterschiedlichsten Unternehmensfeldern entwickelte, umso vordringlicher erwiesen sich für mich die Fragen der Führungstechnik und das Durchdenken ihrer unternehmerischen und gesellschaftspolitischen Konsequenzen. Da ich mich schon als junger Mann mit Führungsfragen hatte befassen müssen, war ich mir der enormen Bedeutung der Führungsqualität für jede Form menschlicher Gemeinschaft bewusst. Die Bedeutung der Führungsbefähigung kann nicht hoch genug eingeschätzt werden! Nach meiner Erfahrung hat sich die Aufgabe der Führung in politischen, wirtschaftlichen, militärischen oder bildungspolitischen Organisationen als die entscheidende Erfolgskomponente erwiesen, die die Relevanz anderer Faktoren, wie beispielsweise Forschung und Lehre, Produktentwicklung, Verwaltungstechnik, Verkauf, Organisation und Personalarbeit, auf den zweiten Platz verweist.

In der hierarchischen Struktur des Nationalsozialismus aufgewachsen und mit der bewussten Reflexion unserer jungen bundesrepublikanischen Demokratie befasst, hielt mich die Frage nach einer zeitgemäßen Führungstechnik jahrzehntelang beschäftigt.

Seit Anfang der Siebzigerjahre arbeitete ich meine Gedanken zur zentralen Bedeutung der Führung in zahlreichen Notizen, Aufsätzen und Ansprachen detailliert aus und schrieb sie beständig fort.[24] Grundsätzlich muss zwischen der Führungsstruktur, die die Führungstechnik und ihre methodische Umsetzung umfasst, und personellen Führungsfragen unterschieden werden. Ohne Zweifel bejahe ich die demokratisch-parlamentarische Führungsmethode, doch das heißt nicht, dass sie als eine für jeden Zweck optimale Führungsform anzusehen ist. Zwischen der autoritären und der demokratischen Führungsmethode liegen viele begründete Zwischenformen. Die autoritäre Führung, deren sozialere Variante mir als traditionell patriarchalische Führung durch die Geschichte des Hauses Bertelsmann auch persönlich vertraut war, hat nicht nur

Nachteile. Sie ermöglicht eine einfache und schnelle Entscheidungsbildung und vermeidet all die Koordinationsprobleme, die der moderne dezentrale Führungsstil notwendigerweise mit sich bringt. Doch die Grenzen dieser Führungsform treten da zutage, wo die Problemstellungen komplexer sind und die Transparenz unternehmerischer Entscheidungen im Sinne einer angestrebten Unternehmenskontinuität gewahrt werden soll.

Nur eine demokratische Entscheidungsfindung sichert den Austausch mit kreativen Köpfen und verschafft der Führungsspitze die notwendigen Korrekturen und Innovationen, die dem autoritären Führungsstil versagt bleiben. So ist es kein Zufall, dass sich mit diktatorischen Maßnahmen in Entwicklungsländern Erfolge erzielen lassen, aber immer nur so lange, wie relativ einfache Ordnungs- und Produktionsprobleme im Vordergrund stehen. Dass sich in diesen Ländern der Sozialismus stets diktatorisch ausprägt, ist verständlich, weil ein moderner Führungsstil mit dem Prinzip der Delegation einen bestimmten bildungsmäßigen und gesellschaftlichen Entwicklungsstand voraussetzt. Wo der Rahmen für das Mittragen von Verantwortung noch gar nicht gegeben ist – wie in einigen afrikanischen und asiatischen Ländern –, dürfte es fast unmöglich sein, sofort demokratische Verhältnisse einzuführen. In Deutschland und in den anderen westlichen Industrienationen aber ist eine autoritäre Führung, nicht zuletzt aus den historischen Erfahrungen heraus, nicht mehr vertretbar, weder in der kleinsten Gemeinschaft noch in der Familie oder in größeren Organisationen. Unsere komplizierten, hoch entwickelten und flexibel gestalteten Lebens- und Arbeitsverhältnisse überfordern den autoritären Stil. Er entspricht auch nicht mehr dem Selbstverständnis der modernen Menschen, die ihre Selbstverwirklichung in einer individuellen Vorstellung vom Leben suchen. Wo dieses Führungsprinzip noch angewendet wird – und es ist in einer ganzen Reihe von Führungspositionen üblich –, lässt es sich nur aus der Tradition heraus begründen und muss als langfristig ruinös abgelehnt werden.

Die Erfahrung der Aufbaujahre hatte mir die innovative Kraft des Führungsprinzips der Delegation von Verantwortung deutlich vor Augen geführt. Diese Führungstechnik wollte ich fortschreiben und schrittweise mit den Anforderungen unseres wachsenden Unternehmens weiterentwickeln. Je mehr ich darüber nachdachte, umso deutlicher wurde mir, dass Führung nicht mehr im Sinne eines traditionellen Unternehmerverständnisses »nebenbei« erledigt werden kann, sondern als Spezialaufgabe betrachtet werden muss, die in darauf spezialisierten Berufsbildern und Abteilungen ausgebildet werden sollte. Mich beschäftigten vor allem die innerbetrieblichen Voraussetzungen zur Anwendung moderner Führungstechnik. Nach welchen Kriterien sollten die Auswahl von Mitarbeitern und die Entwicklung von Führungskräften vonstattengehen? Welche Qualifikationen, welche Persönlichkeitsmerkmale konnten fachübergreifend als verbindlich gelten, welche menschlichen Kriterien sollten bei der Erkennung, Auswahl und Förderung des Führungsnachwuchses den Ausschlag geben?

In den Kriegsjahren und den schwierigen Jahren des Wiederaufbaus hatte ich erfahren, was Motivation für Menschen bedeuten kann, welche Kräfte durch die Identifikation mit den Zielen einer Gemeinschaft ausgelöst werden. Ich hatte gelernt, dass Menschen sehr viel ertragen und leisten können, wenn sie überzeugt sind, auch im Interesse ihres eigenen Vorteils tätig zu sein. Dafür ist es unabdingbar, dass Mitarbeiter und Führungskräfte, vor allem aber auch die Betriebsräte, das Verhalten der Geschäftsleitung verstehen und befürworten. Menschen setzen sich nur dann wirklich für die Geschäftspolitik ihres Unternehmens ein, wenn sie von der Richtigkeit überzeugt sind. Die Richtigkeit aber definiert sich nie nur über Gewinn und Macht! Auch die menschlichen Ziele eines Unternehmens müssen als solche für die Mitarbeiter erkennbar sein.

Wer menschlich führen will, muss den Dialog mit seinen Mitarbeitern suchen. Wer führen will, hat die Pflicht, seine Mitarbeiter sachgemäß zu informieren und zu helfen, wo es nötig ist. Wer führen will, muss Vorbild sein und sich mit gutem Willen und Sachverstand um eine ausgleichende Gerechtigkeit der Interessen bemühen. Wichtiger als alles andere war mir dabei die enge und vertrauensvolle Kooperation mit dem Betriebsrat. Und so ließ ich es mir nie nehmen, wichtige Maßnahmen auch persönlich mit dem jeweiligen Vorsitzenden des Betriebsrats zu besprechen und dann auf den Betriebsversammlungen auch selbst zu erläutern. Mit einem unserer Betriebsratsvorsitzenden bin ich bis heute herzlich verbunden: Jochen Werner! Mit seiner offenen und aufrichtig kritischen Haltung hat er viele Diskussionen belebt und maßgeblichen Anteil an der Meinungsbildung im Hause Bertelsmann gehabt. Auch im Aufsichtsrat unseres Unternehmens war er ein geschätzter Gesprächspartner und Ratgeber.

Der unbedingte Wille zum Dialog ist eine entscheidende Voraussetzung zur Vermeidung einer letztlich verhängnisvollen und kostenintensiven »Streitkultur«. Auch unter den Bedingungen einer wachsenden Internationalisierung wollte ich diese in den zwei Nachkriegsjahrzehnten entstandene vertrauensvolle Partnerschaft unbedingt erhalten. Wenn mir ältere Mitarbeiter heute versichern, dass sie in den turbulenten Aufbaujahren für mich durchs Feuer gegangen wären,[25] so kann ich voller Freude und Dankbarkeit versichern, dass ich das Gleiche immer für meine Mitarbeiter getan hätte und wohl auch manches Mal getan habe. Wir waren Partner, und dieser Geist hat das ganze Unternehmen geprägt! Ich war immer davon überzeugt, dass ein wirtschaftlich erfolgreicher Unternehmer – unabhängig von der Größe seines Betriebs – bereit sein muss, für die ihm anvertrauten Menschen soziale Verantwortung zu übernehmen. Bertelsmann hatte eine leistungsfähige Betriebskrankenkasse eingeführt, die unseren Mitarbeitern soziale Sicherheit gab. Doch ich wollte mehr. Ich dachte über das in den Fünfzigerjahren erstmals entwickelte Instrument der Gewinnbeteiligung nach und suchte nach Wegen, die Leistungsanforderungen an unsere Mitarbeiter mit dem außerordentlichen wirtschaftlichen Erfolg unseres Unternehmens zu verknüpfen. Das führte dazu, dass ich im kritischen Dialog mit meinen Mitarbeitern und Führungskräften die 1960 erstmals grundlegend definierte Unternehmenskultur des Hauses Bertelsmann auf allen Ebenen beständig hinterfragte, weiterentwickelte und fortschreiben wollte.

Das große Spektrum unserer Auslandserfahrungen unter unterschiedlichen politischen Systemen hatte mir meine frühe Einschätzung, dass die Delegation von Verantwortung, die persönliche Motivation und Identifikation mit den Zielen eines Unternehmens erfolgreicher sein würden als die Fixierung auf Macht und Gewinn, eindrucksvoll bestätigt. Die Grundlagen unserer Unternehmenskultur, die sich den Zielen der Menschlichkeit, des freiheitlichen Umgangs mit den Interessen der Arbeitnehmer und der Gerechtigkeit verpflichtet sah, erwiesen sich gerade im unwägbaren Auslandsgeschäft als Wettbewerbsvorteil.

Der außerordentliche Erfolg, den Bertelsmann in den Sechziger- und Siebzigerjahren nicht nur in Deutschland, sondern auch im Ausland verzeichnen konnte, wäre ohne das Modell einer vertrauensvollen Partnerschaft zwischen Geschäftsleitung und Mitarbeitern, die ja überwiegend aus den beteiligten Ländern stammten, niemals möglich gewesen. Wenn wir weiter wachsen wollten, erforderte das auch eine immer weitergehende Delegation der Verantwortung an die unteren Führungsebenen und das beständige Wachstum des Führungspersonals. Wann immer ich darüber nachdachte, wurde mir klar, dass die Auswahl der Führungskräfte danach erfolgen musste, ob die in Frage kommenden Persönlichkeiten bereit und in der Lage waren, unsere Unternehmensverfassung und unsere vorgegebenen Ziele zu akzeptieren.

Heute weiß ich, dass die Befähigung zur Führung den wichtigsten Erfolgsfaktor eines Unternehmens darstellt. Und ich habe gelernt, dass auch die beste Führungstechnik beständiger Schulung bedarf, wenn sie auf Dauer erfolgreich bleiben will. Je größer ein Unternehmen ist, umso höher wird das notwendige Maß an Feinabstimmung auf betrieblichem, juristischem und organisatorischem Gebiet. Wie oft habe ich erlebt, dass gerade der menschliche Faktor zum alles entscheidenden Zünglein an der Waage wurde!

## Eine Frage der Persönlichkeit

Natürlich habe ich in meinem Leben unzählige interessante Menschen kennengelernt und dabei ideenreiche Politiker und Unternehmer getroffen. Und doch trennt die Zeit hier die Spreu vom Weizen. Am Ende sind es jene Persönlichkeiten, deren außergewöhnliche Integrität und deren unbestechlicher Sinn für menschliche Größe in meiner Erinnerung einen unverrückbaren Platz einnehmen. Solche Menschen sind rar, und ich schätze mich bis heute glücklich, ihnen begegnet zu sein.

Einen davon habe ich in Frankreich getroffen. Meine Versuche, in Paris eine Kooperation mit dem Verlagshaus Hachette zu begründen, waren glücklos verlaufen, denn nach eingehenden Marktanalysen 1967 entschloss sich Hachette angesichts der vielversprechenden Möglichkeiten auf dem französischen Markt, diese Chance im Alleingang zu nutzen und auf die Kooperation mit einem deutschen Partner zu verzichten.[26] In der Tat kaufte Hachette dann auch eine kleinere Buchgemeinschaft, scheiterte aber am Ausbau der organisatorischen Struktur.

Meine eigenen Pläne für die Gründung eines Buchclubs in Frankreich hatten sich durch dieses Erlebnis zwar verzögert – aufgegeben waren sie jedoch nicht. Schließlich meldete ich mich schriftlich bei dem Verlag Presses de la Cité und bat um ein Gespräch mit dem Verleger Sven

Nielsen. Zu dieser Zeit war die Buchclubarbeit von Bertelsmann in Europa schon sehr bekannt, und so nahm Sven Nielsen meine Bitte unverzüglich an. Einige Tage später hatte ich dann in Paris Gelegenheit, den Mann persönlich kennenzulernen und meinen Vorschlag mit ihm in den Räumen seines Pariser Verlagshauses zu diskutieren.

Das Treffen verlief außerordentlich höflich und angenehm. Sven Nielsen, ein gebürtiger Däne, war mit einer Frau verheiratet, die in der Résistance gekämpft hatte und mit den Mitterrands befreundet war. In Haltung und Gestus erwies er sich ganz als ein »Gentleman« des alten Europa. Das von mir skizzierte Modell der zweistufigen Clubstruktur überzeugte ihn, sodass wir die Organisationsform unserer Zusammenarbeit zügig klären konnten. Übrig blieb nur die Frage, wer die Geschäftsleitung übernehmen würde. Ich argumentierte, dass meine langjährige Erfahrung und Sachkenntnis im Aufbau der Buchclubstruktur dafür spräche, dass Bertelsmann die Führungsverantwortung übernehmen sollte. Herr Nielsen wandte hingegen ein, dass in einer guten Partnerschaft wohl das Verhältnis von fünfzig zu fünfzig angemessen sei.

Das war für mich eine schwierige Entscheidung, so ohne Weiteres konnte ich nicht zustimmen. Ich äußerte die Bitte, über diese Frage eine Nacht schlafen zu dürfen. An diesem Abend dachte ich lange nach. Kein Zweifel, Sven Nielsen hatte auf mich einen menschlich überzeugenden Eindruck gemacht. Am nächsten Morgen entschied ich mich im Vertrauen auf seine Persönlichkeit, seinen Vorschlag zu akzeptieren.

Gemeinsam verfassten wir eine Vereinbarung, in der die jeweilige Entscheidungskompetenz Punkt für Punkt festgehalten wurde. Doch hervorholen mussten wir diese Vereinbarung nie. Die nun folgenden Jahre unserer Zusammenarbeit gehören zu meinen schönsten beruflichen Erinnerungen. Unsere persönlichen Begegnungen waren stets von hohem Einvernehmen gekennzeichnet und wurden zudem noch vom Erfolg gekrönt.[27] Der 1970 gegründete Club France Loisirs entwickelte sich hervorragend. Mehrere Jahre später erhielt ich kurz vor Weihnachten plötzlich eine Einladung von Sven Nielsen auf sein Jagdschloss südlich von Paris. Ich musste dafür zwar meinen eigenen Weihnachtsurlaub unterbrechen, doch ich ließ mir meine Verstimmung nicht anmerken und genoss einen außergewöhnlich großzügigen und fröhlichen Abend unter Freunden. Zum Abschluss erhielt jeder der Anwesenden einen von ihm persönlich erlegten Fasan. Wir waren guter Dinge!

Ein paar Tage später, noch im Weihnachtsurlaub, erreichte mich dann der Anruf meines Geschäftsführers in Frankreich: Sven Nielsen sei überraschend aus dem Leben geschieden. Eine schwere Krankheit hatte ihn wohl zu diesem Schritt veranlasst. Sein Vertrag mit France Loisirs lief zu diesem Jahreswechsel aus. Korrekt wie er war, hatte er seine beruflichen Verpflichtungen noch erfüllt und sich dann mit der Einladung auf sein Jagdschloss von mir verabschieden wollen.

Dieses Erlebnis hat mich tief berührt. Mit einem Menschen von der Persönlichkeit Sven Nielsens hätte ich gern ein Leben lang zusammengearbeitet. Er ist mir in all den Jahren ein verlässlicher Freund gewesen. Kraft seiner Persönlichkeit hat er mir vor Augen geführt, dass Verträge und Vereinbarungen im Geschäftsleben zwar hilfreich und notwendig sind, persönliche Integrität und Vertrauen aber nie zu ersetzen vermögen.

In den mehr als zwei Jahrzehnten nach dem Ende des Zweiten Weltkriegs, den Jahren der Aufbauarbeit und der wachsenden Internationalisierung von Bertelsmann war ich auf der ganzen Welt den unterschiedlichsten Menschen begegnet und hatte unzählige Gespräche geführt. Die Erfahrungen meiner Generation und die unvermeidbare historische Situation, dass ehemalige Angehörige der deutschen Wehrmacht und Opfer des Holocaust miteinander lebten und arbeiteten und über die Gräben der Vergangenheit hinweg gemeinsam die Zukunft gestalten wollten, lösten bei den Beteiligten mitunter die schwierigsten Empfindungen aus. Nicht immer war ein Gespräch möglich, nicht immer konnte eine gemeinsame Brücke in die Gegenwart gebaut werden. Doch wenn es gelang, erwuchs daraus für uns alle eine unvergessliche Erfahrung, die mir bis heute Mut für unsere Zukunft gibt.

Aus Italien erreichte mich in der zweiten Hälfte der Siebzigerjahre ein Angebot, den Verlag Fabbri zu erwerben. Ich griff zu. Während wir die Verträge vorbereiteten, stellte mir der Verkäufer über Fabbri hinaus den Erwerb der amerikanischen Taschenbuchkette Bantam Books in Aussicht und bot damit Bertelsmann die Möglichkeit, den größten Taschenbuchverlag der USA zu erwerben. Diese Chance wollte ich mir nicht entgehen lassen. Wir unterzeichneten den Vertrag, und ich flog nur wenig später nach New York, um mich mit der Führungscrew von Bantam Books, vor allem mit dem Verlagsleiter Oscar Dystel, zu treffen.

Das amerikanische Management hatte für diese erste Besprechung acht Uhr morgens angesetzt, was mir als

Frühaufsteher zwar wenig ausmachte, doch zweifellos ungewöhnlich war. Das Diktum dieser frühen Uhrzeit erwies sich denn auch als Vorbote eines äußerst harschen Empfangs. Als Oscar Dystel mit seinen Führungskräften den Raum betrat, war die Atmosphäre eisig. Was ich hier überhaupt zu suchen hätte, fragte mich der Verlagsleiter unverblümt. Diese Frage galt nicht der ihm wohlbekannten Kaufvereinbarung – sie galt meiner Herkunft. Oscar Dystel war Jude, und er sah in mir den Vertreter eines mörderischen Regimes, der sich anschickte, als Eigentümer eines amerikanischen Verlags aufzutreten. Wir sahen uns an. In diesem Augenblick war mir klar, dass ich meinen Terminplan für die nächsten Tage ignorieren würde. »Ich möchte mit Ihnen reden«, sagte ich. Und das taten wir.

Fünf Tage und halbe Nächte habe ich mit Oscar Dystel und seinen Führungskräften diskutiert. Ich erzählte ihm von meiner Jugend im nationalsozialistischen Deutschland, meiner Kriegserfahrung und davon, was das amerikanische Gefangenenlager Concordia für mich bedeutet hatte. Und ich erzählte ihm, warum nach meiner Überzeugung die Entwicklung der Unternehmenskultur von dem Verständnis einer demokratischen Gesellschaftsordnung nicht zu trennen sei. Am Schluss sagte er: »Waren Sie schon einmal auf der Buchmesse in Jerusalem? Da müssen Sie hin!« Wir wurden Freunde. Mit Oscar Dystels Hilfe habe ich die schwierigen Verhältnisse des Landes Israel und den Jerusalemer Bürgermeister Teddy Kollek kennengelernt – ein fabelhafter Mensch! Und aus dieser Begegnung in New York erwuchs ein jahrzehntelanges Engagement der Bertelsmann Stiftung in Israel, doch davon wird an anderer Stelle noch zu berichten sein.

## Motivation und Identifikation in einem Großunternehmen

Die seit dem ersten Nachkriegsjahrzehnt ungebrochene Dynamik unseres Unternehmensausbaus und die wachsende Internationalisierung in den Sechzigerjahren veranlassten mich im Jahr 1971, mit der Gründung der Bertelsmann AG die Wandlung des mittelständischen Unternehmens zu einem vom Management geführten Medienkonzern zu vollziehen. Nun galt es für mich, die bisher entwickelten Bausteine unserer Unternehmenskultur unter den Bedingungen eines Großunternehmens zu reflektieren. Was ich unter den Voraussetzungen eines mittelständischen Unternehmens erprobt und beständig weiterentwickelt hatte, sollte sich für den international ausgerichteten Bertelsmann-Konzern ebenfalls als tragfähig erweisen.[28]

Auch hier wollte ich die in den Nachkriegsjahren so erfolgreich erprobten Führungskriterien wie persönliche Motivation, Kreativität und Mut, menschlichen Respekt und Urteilsvermögen mit jener unternehmerischen Freiheit verbunden sehen, die sich aus der Delegation der Verantwortung entwickelt hatte. Was ich selbst erlebt hatte, wollte ich weitergeben: »Learning by doing« heißt auch, Fehler zuzulassen, wenn sie als solche reflektiert und dadurch künftig vermieden werden können. Doch ich ahnte gleichzeitig, dass meine unabdingbare Forderung an die Führungskräfte, die Ziele und Wertvorstellungen des Unternehmens anzuerkennen und ihren anderweitigen Bestrebungen überzuordnen, in einem Großunternehmen auch eine größere Herausforderung bedeuten würde als in einem mittelständischen Betrieb, in dem die Unternehmensziele überschaubar sind und der Kontakt zwischen der Unternehmensführung und den Mitarbeitern persönlich gestaltet werden kann.

Aus den Erfahrungen der ersten Nachkriegsjahrzehnte und dem Ethos meines unternehmerischen Selbstverständnisses heraus definierte ich für die Bertelsmann AG, dass Gewinnmaximierung und Kapitalertrag allein als unternehmerische Zielsetzung nicht ausreichten. Ich wollte die von uns bereits in den Fünfzigerjahren skizzierten und 1960 erstmals festgelegten Statuten einer Unternehmenskultur auch unter den Bedingungen eines Großunternehmens fortschreiben. In der künftigen Entwicklung des Hauses Bertelsmann sollte weiterhin der Mensch im Mittelpunkt stehen.

Ohne Frage wuchsen mit der Größe des Unternehmens die Anforderungen an seine Führung. Die in den Sechziger- und Siebzigerjahren ausgebauten Betriebsregelungen hinsichtlich des Steuer-, Kartell- und Sozialrechts und der durch einen immer härteren Wettbewerb ständig zunehmende Kapitalbedarf hatten eine Umstellung der Unternehmensfinanzierung vom Alleinbesitz auf andere Finanzierungsarten zur Folge. Daraus konnte sich eine breite Streuung des Kapitalbesitzes entwickeln, in der die Interessen der Aktionäre und der Unternehmensführung nicht unbedingt identisch sein mussten. Die darin liegenden Schwierigkeiten für die Steuerungsfähigkeit eines Unternehmens stellten hohe Anforderungen an die Rekrutierung von qualifiziertem Führungspersonal. Der Kapitalbesitz allein konnte die Führungsbefähigung nicht mehr ausreichend begründen. Allein aus der Qualifikation der Führungspersönlichkeiten heraus, die ihnen gestellte unternehmerische Aufgabe zu lösen, durfte sich künftiger Führungsanspruch legitimieren.

Die Erfahrung unseres Unternehmensaufbaus hatte mich gelehrt, dass zur optimalen Gestaltung der Arbeitsprozesse in einem Großunternehmen das kreative Potenzial des Einzelnen nicht hoch genug eingeschätzt werden kann. Natürlich wurde der Mut, Freiraum zu gewähren und den Mitarbeitern Verantwortung zu übertragen, mitunter auf harte Proben gestellt. Und doch gab es nach meiner Erfahrung dazu keine Alternative. Bis heute liegt für mich in der Delegation der Verantwortung der Schlüssel zur Innovationsfähigkeit eines Unternehmens.

Das gute Betriebsklima, das Bertelsmann in den Fünfzigerjahren aus einem vertrauensvollen betrieblichen Miteinander heraus entwickelt hatte, sollte auch unter den Bedingungen eines Großunternehmens Bestand haben. Doch wenn man die Eigenständigkeit von Mitarbeitern fördern will, muss die kontinuierliche Information über die Unternehmensziele genauso gesichert werden, wie der innerbetriebliche Dialogprozess beständig hinterfragt und verbessert werden sollte. Wir haben dazu in den Siebzigerjahren verschiedene Instrumente erforschen lassen und entschieden uns 1977 zur Einführung einer regelmäßigen schriftlichen Mitarbeiterbefragung. Diese Befragungen müssen in vertrauensvoller Kooperation zwischen der Führung eines Unternehmens und dem Betriebsrat vorbereitet und umgesetzt werden. Ohne Angst vor Repressalien durch unmittelbare Vorgesetzte können die Mitarbeiter so ihre Erfahrungen und Informationen an die Firmenleitung weitergeben. Die Wiederholung der Befragungen in regelmäßigen Abständen überprüft die Nachbearbeitung von Mängeln und gewährleistet in ihrer Transparenz und Überprüfbarkeit die Verständigung und Kooperationsbereitschaft innerhalb eines Unternehmens. Bis heute gehört deshalb die schriftliche Mitarbeiterbefragung zu den wirksamsten Führungsinstrumenten des Hauses Bertelsmann.

Die außerordentliche Bedeutung, die ich in der Selbstständigkeit der Mitarbeiter bei der Optimierung der Arbeitsprozesse erkennen konnte, ermutigte mich zu prüfen, ob die Förderung der Selbstständigkeit nicht auch auf dem Feld der Einkommensverteilung zu erzielen war. Ich wollte herausfinden, ob die gleiche Einstellung zur Arbeit, die den Selbstständigen auszeichnet, nicht auch bei den Mitarbeitern eines großen Unternehmens wirksam werden könnte. Und so griff ich 1970, über die betrieblich oder tariflich orientierte Lohnordnung hinaus, das in den Fünfzigerjahren schon einmal erprobte Modell der Gewinnbeteiligung unter wesentlich erweiterten Umständen wieder auf und legte bei Bertelsmann eine Gewinnbeteiligung für alle Mitarbeiter fest. Ich war mir sicher, dass die künftigen Aufgaben eines so dynamisch operierenden Unternehmens nur dann erfolgreich zu bewältigen waren, wenn sich dessen Mitarbeiter ohne Wenn und Aber mit ihrer Firma identifizieren konnten. Und ich war überzeugt, dass eine solche Identifikation materielle Gerechtigkeit voraussetzen musste, wenn sie kein Lippenbekenntnis bleiben wollte.

## Demokratie und Marktwirtschaft brauchen den Wettbewerb

Auch wenn mir das hohe Tempo des operativen Tagesgeschäfts in den Siebzigerjahren wenig Zeit zur Muße ließ, hatte ich meine alte Gewohnheit, grundsätzliche unternehmerische Entscheidungen in persönlicher Zurückgezogenheit sorgfältig zu überdenken, nicht aufgegeben. Den großen Erfahrungsschatz der ersten beiden Nachkriegsjahrzehnte wollte ich für die weitere Strukturierung von Bertelsmann nutzen. Auf unzähligen Spaziergängen dachte ich über die gesellschaftlichen, politischen und wirtschaftlichen Entwicklungen der Bundesrepublik nach. Bertelsmann war nach Krieg und Zerstörung ein eindrucksvoller unternehmerischer Neuanfang gelungen. Mit dem Erfolg des Leserings und dem Ausbau des späteren Buchclubs hatten wir den Beweis erbracht, dass die Menschen bereit waren, in wirtschaftlich schwierigen Zeiten neue Wege mitzugehen, wenn ihre Bedürfnisse erkannt und unternehmerisch angesprochen werden. Die Menschen wollen den Fortschritt![29]

Durch die beginnende Internationalisierung unseres Hauses sah ich meine unternehmerische Arbeit mit höchst unterschiedlichen politischen Ordnungssystemen und nationalen Interessen konfrontiert. Die Erfolge der unternehmerischen Initiativen wurden davon in nicht geringem Maße beeinflusst. Das gab mir hinsichtlich der politischen Entwicklung unseres Landes zu denken. In den Jahren des Wiederaufbaus wurden in Deutschland mitunter alte Verfassungsregeln angewendet, die mir im Grunde nicht mehr zeitgemäß erschienen.

Auch die Einwirkung der Besatzungsmächte war nicht in allen Punkten hilfreich. Erst die Reformen von Ludwig Erhard konnten die Regeln der sozialen und freien Marktwirtschaft durchsetzen, die sich für die weitere Entwicklung der demokratischen Bundesrepublik als segensreich erwiesen. Anstelle von Protektionismus und Abschottung der nationalen Märkte, wie sie vor dem Krieg in Europa durchaus üblich waren, hatte eine umfassende Liberalisierung des Handels eingesetzt, die ihre Früchte trug. Die außerordentliche Zunahme an Produktivität und die damit einhergehenden Migrationsbewegungen gehörten zu den herausragenden Merkmalen der westeuropäischen Nachkriegsjahrzehnte.[30]

Im Vergleich dazu fielen die Produktionsbedingungen im kommunistischen Osteuropa weit zurück. Eine einseitige Ausrichtung auf die Schwerindustrie und die Inflexibilität der staatlich gelenkten Monopolstrukturen ließen die Schere zwischen Ost und West immer weiter auseinandergehen. Die jenseits des Eisernen Vorhangs praktizierte Planwirtschaft erwies sich als äußerst schwerfällig. Der Staat legte die Anzahl der Produktionsmittel und ihre Verteilung an die Bürger fest, und er kontrollierte anschließend die Einhaltung seiner Vorgaben. Bis die öffentliche Meinung Missstände anprangerte und die Produktionsbedingungen geändert wurden, vergingen oft Jahre.

Demgegenüber hatten westeuropäische Staaten in den Sechzigerjahren viele Erwartungen geweckt, die es nun zu erfüllen galt.[31] Das im Zuge des Wirtschaftswachstums geknüpfte Geflecht von sozialen Vergünstigungen und wirtschaftlichen Strategien ließ bei vielen Menschen die Vorstellung aufkommen, dass der Staat den Bürgern zu dienen habe und nicht umgekehrt. Der in den Sechziger- und Siebzigerjahren kontinuierlich ausgebaute Wohlfahrtsstaat der Bundesrepublik Deutschland verknüpfte Bürger und Staatsdiener in einem wohlgepolsterten System miteinander, das die wenige Jahre zuvor erkämpften sozialen Privilegien schon bald als unantastbaren Besitz betrachten ließ, den es unter allen Umständen zu bewahren galt. Mitunter schien es, als ob wir uns auf dem Weg zu einer »parasitären Gesellschaft«[32] befänden.

Bei kritischer Betrachtung der bundesdeutschen Verhältnisse musste ich einräumen, dass der Wettbewerb, der mich und andere Unternehmerpersönlichkeiten nach dem Krieg zu immer neuen Leistungen angespornt hatte, auf dem Gebiet der staatlichen Verwaltung und der politischen Führung nicht in der gleichen Weise zu beobachten war. Die dringend benötigte Reformpolitik ist in der Bundesrepublik viel zu spät eingeleitet worden. Nach dem Zweiten Weltkrieg standen materielle Probleme im Vordergrund, sodass eine politische, gesellschaftliche und wirtschaftliche Grundorientierung unter Einbeziehung der besten Lösungsansätze aller Ordnungssysteme nicht zustande kam.[33] Der Weg zu einer europäischen Gemeinschaft war mit vielen überkommenen nationalen Vorstellungen gepflastert, in den Siebzigerjahren klafften Wunsch und Realität des europäischen Gedankens noch weit auseinander.

Die Radikalität, mit der ich meine eigenen Entscheidungen und unternehmerischen Ziele stets aufs Neue hinterfragte, war bei den verantwortlichen Politikern nicht zu erkennen. Aber warum war das so? Welche historischen und kulturellen Ursachen führten uns gut zwei Jahrzehnte nach der Neugründung der Bundesrepublik geradewegs in die Stagnation? Warum waren die Konzepte von Demokratie und Marktwirtschaft zwar grundsätzlich auf den mündigen Bürger ausgerichtet, ließen ihm im öffentlichen Leben aber wenig Raum, um selbst Einfluss und persönliche Verantwortung zu übernehmen?[34]

Durch meine internationalen Erfahrungen hatte ich einiges gesehen, was zweifelsohne für die Menschen schlechter war als das, was sich in Deutschland entwickelt hatte. Aber es gab im Ausland auch etliche ermutigende Beispiele, die sich im Vergleich zu deutschen Institutionen als effizienter und menschlicher erwiesen.

Bei genauerer historischer Betrachtung wurde für mich deutlich, wie sehr auch der nach 1945 neu aufgebaute staatliche Verwaltungsapparat der Bundesrepublik Deutschland trotz Krieg und Zusammenbruch noch immer preußischen Traditionen verhaftet war, die weit in das späte 18. und frühe 19. Jahrhundert zurückreichten. Nahezu unverändert war die Zieldefinition des Staates auf das Einhalten der von ihm geschaffenen Ordnungen ausgerichtet. Die außerordentliche Kraft des Wandels und eines erstarkten Wettbewerbs, den die deutsche Wirtschaft in mehr als zwei Jahrzehnten nach dem Zweiten Weltkrieg erfahren durfte, hatte den staatlichen Verwaltungsapparat nahezu unberührt gelassen.

Gerade in den schwierigen Jahren des Wiederaufbaus und der beginnenden Internationalisierung konnte Bertelsmann den Beweis dafür erbringen, dass Menschen auf der ganzen Welt eine Verbesserung ihrer persönlichen Lebensumstände und individuellen Fortschritt anstrebten, wenn sich die dafür eingesetzten unternehmerischen Mittel als überzeugend erwiesen. Der Motor des unternehmerischen Wettbewerbs setzte diese Entwicklung in Gang, und es waren die Menschen, die letztlich darüber entschieden, welche der ihnen vorgestellten Modelle den Sieg davontragen sollten.

Der Wunsch nach mehr Freiheit und einer eigenständigen Gestaltung des Lebens erforderte bei den Verantwortlichen in der Wirtschaft aber auch persönliches Engagement für gemeinsame Ziele und eine weitreichende Identifikation mit dem, was es anzustreben galt. Warum war das im öffentlichen Dienst nicht in gleicher Weise möglich? Ohne Zweifel hatte die Monopolstruktur der staatlichen Verwaltung ein Besitzstandsdenken befördert, das sich zunehmend als verhängnisvoll erwies.

Die Mehrzahl der höhergestellten Staatsdiener war in den Siebzigerjahren und weit darüber hinaus vor allem an der Wahrung ihrer Beamtenrechte und Gewohnheiten interessiert, deren zufriedenstellender Standard ein bequemes Leben und Arbeiten ermöglichte. Die Einkommensregelung für die Führungskräfte des öffentlichen Dienstes ließ Leistungsvergleich und Wettbewerb fast vollständig vermissen. So war es kein Wunder, dass die daraus resultierende Zieldefinition der Staatsdiener weniger durch die Interessen der Bürger und ihre veränderten Bedürfnisse begründet wurde als durch die Beibehaltung des Status quo. Die Gewährleistung einer kompetenten Führung war auf diesem Weg nicht zu erreichen! Wandel und Wettbewerb wurden mit dieser Haltung ausgeklammert. Der Bürger verließ sich auf den Staat, doch die politische Einigung über Maßnahmen, deren Effizienz und Nutzen jeder messbaren Überprüfung entzogen waren, musste subjektiv und interessengebunden bleiben. Wo der Wettbewerb fehlte, gab es auch keine Transparenz und keine Regeldefinition, die dem Bürger vergleichende Kontrollen ermöglicht hätten. Ob der riesige Finanzbedarf des Staates tatsächlich eine im Interesse der Bürger optimale Verwendung fand, konnte so nicht ermittelt werden.

Auch den Gewerkschaften war der Vorwurf zu machen, dass sie erfolgreich über Jahre hinweg die Meinung manipuliert hatten, mittels der paritätischen Mitbestimmung die Struktur von Gesellschaft und Wirtschaft positiv zu verändern. Nach meiner Einschätzung dominierten vielmehr gewerkschaftliche Machtspiele die Interessen, die von kritischen Bürgern nicht toleriert werden sollten. Die angestrebte Parität würde langfristig zu einer schlechteren Führung der Unternehmen, zurückgehender Produktivität und einem schlechteren Lebensstandard führen, wie ich es in den Siebzigerjahren am Beispiel der Arbeiterräte in Jugoslawien beobachten konnte.

Über Jahrzehnte hinweg habe ich meine gesellschaftspolitischen Überlegungen immer wieder mit Gewerkschaftsvertretern diskutiert und dabei vor allem Fragen zur Tarifauseinandersetzung, zur Mitbestimmung und zur betrieblichen Vermögensbildung kritisch und mitunter kontrovers erörtert. Trotz mancher Gegensätzlichkeit erkannten führende Gewerkschaftsvertreter in den gesellschaftspolitischen Modellen des Hauses Bertelsmann durchaus die Qualität von »Vorauslösungen«, die in dem Prozess der gesellschaftlichen Veränderungen richtungsweisende Initiativen begründeten.[35]

Ohne Zweifel hatte sich die Bundesrepublik Deutschland in mehr als zwei Jahrzehnten nach dem Zweiten Weltkrieg zu einer stabilen Demokratie entwickelt. Und wie in allen Kulturen dieser Welt neigten auch die Regierenden in Deutschland dazu, das mühsam Errungene und als richtig Erkannte ein für allemal festzuschreiben. Mich aber hatten meine Erfahrungen gelehrt, dass allein der Wettbewerb die Führungsfähigkeit von Menschen und die Qualität ihrer Errungenschaften zu sichern vermag. In den politischen Debatten jener Zeit stieß dieses Argument jedoch auf wenig Gegenliebe. Es herrschte die Vorstellung, dass ein Mehrparteiensystem allein schon genüge, um einen Ausgleich der Interessen sicherzustellen. Ich aber war überzeugt, dass gerade die Demokratie als eine Staatsform, die den Willen der Bürger zur politischen Grundlage hat, einer ständigen Fortschreibung bedarf, wenn sie sich auf Dauer gegenüber autokratischen und totalitären Herrschaftsformen beweisen will. Auch die Frage nach der Führungsbefähigung unserer Politiker musste gestellt und für den öffentlichen Raum entschiedener diskutiert werden. Denn Führungsschwäche und Unproduktivität traten vor allem in den großen monopolistischen Staatsbetrieben zutage, die fehlende Effizienz und Verbürokratisierung dieser Bereiche musste dringend überwunden werden.

In meiner Kindheit und Jugend hatte ich erlebt, wohin Willkür und Machtstreben einer verbrecherischen Führungsclique führen können. Um die freiheitliche Grundordnung einer Demokratie und ihre Akzeptanz und Stabilität durch die Bürger zu sichern, müssen sich ihre Institutionen einer fortwährenden Prüfung unterziehen. Wo das ausbleibt, drohen Erstarrung und eine Enttäuschung der Bürger – mit gefährlichen politischen Folgen.

Ohne dass ich damals die gesellschaftspolitischen und wirtschaftlichen Folgen dieser Stagnation im Ganzen hätte überblicken können, erfüllte mich die politische Entwicklung unseres Landes doch mit Unbehagen. Wie oft hatte ich in den Aufbaujahren als junger Unternehmer kopfschüttelnd erleben müssen, dass wir in der Wirtschaft viele Abläufe qualitativ besser und billiger gestalten konnten, als es in der Arbeitsweise der Regierung festzustellen war. Doch was noch schwerer wog, waren die vielfältigen Impulse, die von der dynamischen Wirtschaftsentwicklung aus nach Deutschland getragen wurden und die auf der Ebene der Politik und der staatlichen Verwaltung kaum ein Echo fanden.

## Ohne Freiheit kein Fortschritt

Je mehr ich über die Prämissen wirtschaftlichen und politischen Handelns nachdachte, umso stärker beschäftigte mich die Frage nach der Natur des Menschen. Wer sind wir? Welche Konstanten bestimmen unser Dasein, und welche Freiheiten können wir uns in unserem Lernen und Handeln erschließen?

Bis heute dominiert in Europa die Vorstellung, dass die Grundlagen unserer westlichen Zivilisation in der Renaissance ihre Wurzeln hätten, einer Zeit der kulturellen Blüte, die von der Rückbesinnung auf die Antike und der Bewusstwerdung des Individuums maßgeblich beeinflusst wurde. Die philosophischen Denkschriften jener Epoche öffneten das Tor zum Zeitalter der Aufklärung, das uns die Trennung von Kirche und Staat, die Proklamation der

Menschenrechte und die Idee der Freiheit brachte. All das ist richtig, und doch fließen in die Geschichte der Entstehung der westlichen Werte von Anfang an sehr viel ältere Erkenntnisse ein, die in ihren Ursprüngen auf die Kultur des Mittelmeerraums zwischen dem 9. und 15. Jahrhundert zurückweisen. Und es ist kein Zufall, dass es vor allem Kaufleute und mutige Unternehmer waren, die islamische und christliche Errungenschaften in blühenden italienischen Stadtstaaten, vor allem in Venedig als dem bedeutendsten kosmo-politischen Zentrum[36], zusammenführten.

Unter den Dächern islamischer und christlicher Herrschaft entwickelten sich die freien Künste und Wissenschaften wie Philosophie und Medizin, Logik und Mathematik, Poesie und Kartografie.

Die Vielzahl der kulturellen Einflüsse brachte eine lebendige Kontroverse unterschiedlichster Überzeugungen hervor, in der die von den islamischen Denkern Ibn Sina und Ibn Rushd genauso wie von Aristoteles und Platon beeinflussten Debatten über Gottesbilder und Rationalismus, Moralität und Individualität erst jene Befreiung von der mittelalterlichen Dogmatik auslösten, die in die europäische Renaissance mündete. Was uns heute als ein einziger breiter Strom zur europäischen Identität erscheint, ist also in Wirklichkeit ein lebendiger Flusslauf, der von vielen Neben- und Zuflüssen gespeist wird, dessen Quellen aber längst in Vergessenheit geraten sind.[37]

Zu allen Zeiten haben Menschen ihre Kulturen auf der Grundlage ihrer Erfahrungen entwickelt und versucht, durch die Herausbildung von Werten die Erhaltung und Sicherheit ihrer Gemeinschaft zu erreichen. Die Kulturen selbst erfuhren durch vielerlei Einflüsse und Lernprozesse Fortschreibungen, die in kritischen Phasen auch zu entscheidenden kulturellen Veränderungen führen konnten. Über Jahrtausende hinweg haben häufig militärische Macht und territoriale Besitznahme den Bestand einer Kultur definiert, auf Dauer sichern konnten sie sie aber nicht. In revolutionären Prozessen und oft mit Gefahr für Leib und Leben haben Menschen schon immer versucht, die Herrschaft einer unzulänglichen Führung zu stürzen, um die eigenen Lebensverhältnisse zu verbessern.

Durch den Hegel'schen Begriff des »Geistes« entwickelte sich im 19. Jahrhundert die Vorstellung einer Nationalkultur[38] und bestimmte bis weit in das 20. Jahrhundert hinein den politischen Diskurs. Die verhängnisvollen Folgen dieses Nationalstaatsgedankens, der sich über inneren Zusammenhalt und äußere Abgrenzung zu stabilisieren suchte, bescherte Europa zwei Weltkriege und unermessliches Leid. Es gehört zum Charakter des Nationalstaats, dass er sich in gleicher Weise über nationale Helden wie über seine Feinde definiert und differenziertere Zusammenhänge ausblenden möchte. Der Nationalstaat reklamierte die Künste, die Wissenschaft und Forschung für sich und versuchte alles zu negieren, was die Exklusivität dieser Zuordnung behindern konnte.

Die schöne idealistische Vorstellung von einer homogenen Nationalkultur aber offenbart ihre dunkle Kehrseite da, wo sie das Fremde als nicht zugehörig ausgrenzen, als nicht erwünscht abweisen muss. Erst die Stabilität einer Kultur scheint unsere Identität zu sichern – und erweist sich dabei doch als ihr größter Feind! Denn es ist gerade der Wunsch nach einer homogenen Kultur, die uns zum

Einfallstor von Gewalt und Gegengewalt gerät, indem sich Menschen bekämpfen müssen und die Vernichtung des Fremden zur Wahrung ihrer nationalen Interessen in Kauf nehmen. Wer das Fremde ablehnt, verdrängt die Entstehungsgeschichte der Kulturen als Zusammenfließen unterschiedlichster Herkünfte und Einflüsse und verschließt so die Augen vor historischen Wahrheiten, die keine Nation und kein Kontinent allein für sich beanspruchen können.

Anders als Staatsdenker und Herrschende aber haben Kaufleute zu allen Zeiten nationale Grenzen überschritten und fremde Kulturen kennenlernen müssen, wenn sie den Bewohnern ihres Landes neue Waren und Entdeckungen bieten wollten. Gerade die Inspiration durch die Fremde trieb den Handel voran und ließ die Handelnden auf fremdländische Erzeugnisse aufmerksam werden, die zur Weiterentwicklung ihrer heimischen Kultur beitragen sollten und den Kaufleuten selbst wie auch den Bürgern Wohlstand und Fortschritt versprachen. Schon Voltaire sprach von der Pflicht, all die Menschen zu verstehen, mit denen wir diesen Planeten teilen, wobei er diese ethische Forderung ausdrücklich mit unserer wechselseitigen ökonomischen Abhängigkeit verband![39]

Die Geschichte zeigt, dass sich gerade an den Kreuzungspunkten der großen Handelswege blühende Kulturstädte entwickelten. Der Aufstieg Alexandrias wie auch die Blüte Venedigs zeugen von der Vitalität und der dynamischen Kraft des Wettbewerbs, die gerade aus dem Zusammenspiel der Kulturen und nicht aus ihrer Abgrenzung erwachsen können. Und zu allen Zeiten begann der Niedergang einer Kultur mit einem Interessensmissbrauch oder einer Machtblindheit der Herrschenden, die die Erfordernisse ihrer Bürger nicht erkannten oder demonstrativ missachteten und sich so dem weiteren Entwicklungsgang ihrer Kultur entgegenstellten. Externe oder interne Einwirkungen waren die Folge, und bald sah sich die jeweilige Kultur entweder zum Fortschritt gezwungen oder dem Untergang preisgegeben.

An der Geschichte der Menschheit kann man ablesen, dass es eine gleichbleibende kulturelle Kontinuität niemals gegeben hat – sie wäre auch nicht wünschenswert gewesen. Die Fortschreibung der Kultur und insbesondere ihrer geistigen Orientierung ist nach menschlichen Erfahrungen sachgerechter und erfolgreicher als die Übernahme überlieferter Dogmen. Die Prämissen einer Kultur müssen auf menschlichen Fortschritt ausgerichtet sein, denn der Wunsch nach Veränderung und Verbesserung der Lebensumstände ist ein Teil der menschlichen Natur, und der Wunsch nach einem positiven Selbstwertgefühl gehört zu den unwandelbaren Grundmotivationen menschlichen Handelns. Der Wunsch des Menschen, sich mit seinen Lebensumständen identifizieren zu können und die Anerkennung anderer Menschen zu erhalten, steht in direktem Zusammenhang mit einem großen Spektrum unbewusst erlernter oder bewusst gewählter Wertvorstellungen, die unser tägliches Handeln bestimmen.

Das Bedürfnis nach Werten ist den Menschen aller Kulturen angeboren, nur der Inhalt dieser Werte kann je nach kultureller und historischer Zugehörigkeit variieren. Der Ursprung dafür liegt in dem Wunsch nach einem grundlegenden moralischen Sinn unseres Tuns – es ist der gleiche Impuls, der die Menschen bei ihrer Suche nach geistiger und religiöser Sinngebung leitet. Und so ist es kein Zufall, dass alle Kulturen auf der Welt auch von Religionen beeinflusst werden. Religionen sind bemüht, den Menschen geistige Orientierung, persönliche Hilfe und Gemeinschaftsfähigkeit zu vermitteln. Ohne diese Gemeinschaftsfähigkeit ist kein Friede möglich. Hier liegt der entscheidende ethische und religiöse Auftrag der großen Weltkirchen. Dabei müssen sich die kulturell variierenden Grundlagen der geistigen Orientierung mit der Bereitschaft zum interkulturellen Dialog verbinden. Jede menschliche Gesellschaftsordnung muss ihre Ansichten über Gerechtigkeit definieren und in gesetzlichen Grundlagen ordnen, doch diese unterliegen dem gleichen Wandel wie die Bestimmung der Werte selbst. Nur kulturelle Offenheit kann diese sich selbst erneuernde Kraft in Gang setzen, die die menschlichen Ordnungssysteme weiterentwickeln und fortschreiben wird. Wer diese Offenheit ernst nimmt, der erkennt, dass die Gewährleistung einer freien Meinung der denkbar beste Schutz der Kulturen gegen Willkür und Bedrohungen aller Art ist. Nur Freiheit und Kreativität können Fortschritt und Überleben bewahren! In diesem Wissen liegt der Mut zum Wandel, der den Menschen die Chance eröffnet, ihre Zukunft selbst zu gestalten.

Über zwei Jahrtausende hinweg lassen sich unzählige Beispiele für die exemplarische Kraft eines freien Unternehmertums finden, das immer dann zu nachhaltigen Erfolgen führte, wenn es kulturelle Offenheit mit einem leistungsbezogenen Ethos zu verbinden wusste. Dass Europa nach der verheerenden Zerstörung durch zwei Weltkriege innerhalb weniger Jahre zu einer außerordentlichen Dynamik der gesellschaftlichen Entwicklung finden konnte, wäre ohne die impulsgebende Kraft der Wirtschaft und findiger Unternehmer nicht möglich gewesen. Wo sich die Politik auch in den Fünfzigerjahren noch an nationalstaatliche Vorstellungen klammerte, hatten die Verantwortlichen in der Wirtschaft längst ihre Auslandskontakte geknüpft und Kooperationen vorbereitet, die innerhalb Deutschlands aufgrund des Kartellrechts gar nicht möglich gewesen wären.

So konnte die Kraft des wirtschaftlich initiierten Austausches in den Jahrzehnten nach dem Zweiten Weltkrieg gesellschaftspolitische und kulturelle Blüten tragen, wie das Bertelsmann-Engagement in Spanien und Lateinamerika belegt, und dabei wertvolle gesellschaftliche Einblicke ermöglichen, die mit den Mitteln der deutschen Politik damals noch nicht zu erzielen waren. Immer öfter standen mir dabei auch meine positiven Erfahrungen mit der amerikanischen Bürgergesellschaft vor Augen, die ich während meiner Kriegsgefangenschaft sammeln konnte, und die ich als Unternehmer auf vielen Reisen durch die USA bestätigt fand. Im Vergleich zu Amerika lag in der Bundesrepublik das Potenzial des mündigen Bürgers brach, die Reformbedürftigkeit in Staat und Gesellschaft war unübersehbar. Die durch das Auslandsengagement von Bertelsmann gewonnenen Erfahrungen inspirierten mich. Ich wollte diese positiven Beispiele auch für die deutschen Bürger nutzbar machen und begann über wirksame Instrumente nachzudenken, die einen internationalen Vergleich gesellschaftlicher und staatlicher Institutionen ermöglichen würden.

## Die Bedeutung der geistigen Orientierung für Staat und Gesellschaft

Wann immer ich mir in den Siebzigerjahren die Stationen unserer Unternehmensentwicklung vergegenwärtigte, war ich überzeugt, dass unser Modell einer auf Kreativität, persönlicher Motivation und Identifikation basierenden Unternehmenskultur auch für die Entwicklung der demokratischen Kultur unseres Landes förderlich sein könnte. Das Haus Bertelsmann verdankte seinen Erfolg im Wesentlichen den folgenden vier klar definierten Führungsprinzipien, und diese unternehmerisch bedeutsamen Kräfte wollte ich auch für die Weiterentwicklung der Gesellschaft nutzbar machen:

1. Der gesellschaftlichen Rechtfertigung der Unternehmensziele,
2. Einer weitgehenden Identifizierung der Beschäftigten mit dem Verhalten des Unternehmens,
3. Einer weitreichenden Delegation der Verantwortung,
4. Einem Führungsstil, der in gleicher Weise der Partnerschaft wie der Leistungsorientierung verpflichtet ist.

In Bezug auf die demokratische Entwicklung der Bundesrepublik bedeuteten diese Führungsprinzipien, dass sich die Bürger unseres Landes mit den Zielen und dem Verhalten ihres Staates identifizieren, sich in vielen Bereichen eigenverantwortlich einbringen und in gleichberechtigter Partnerschaft sowohl Leistungen des Staates erwarten konnten wie auch eigene Leistungen für das Gemeinwohl erbringen mussten. Entsprach das der Realität? Oder gab es nicht gerade auf diesen Gebieten einen riesigen Handlungsbedarf?

Je mehr ich damals darüber nachdachte, umso sicherer war ich, dass von der Leistung unseres Staates sowohl die politische Stabilität wie auch der Lebensstandard der künftigen Generationen abhängig sein würden. Die Geschichte der Menschheit und nicht zuletzt die katastrophalen Entwicklungen in der ersten Hälfte des 20. Jahrhunderts hatten uns eindringlich vor Augen geführt, dass die politischen Ordnungssysteme menschlicher Gesellschaften ohne ethische Gebote und rechtliche Grundsätze in Anarchie und Gewalt endeten. In Abgrenzung zu der von Gewaltherrschaft und totalitärem Denken bestimmten hierarchisch geprägten Ordnung der ersten Jahrhunderthälfte entwickelte sich nach 1945 das Gegenmodell einer zunehmenden gesellschaftlichen Liberalisierung mit weitreichenden Folgen für die demokratische Gemeinschaft. Denn was dem Einzelnen in den Sechziger- und Siebzigerjahren des 20. Jahrhunderts ein wachsendes Maß an persönlicher Freiheit und individueller Selbstbestimmung bescherte, forderte die bundesdeutsche Gesellschaft als Gemeinwesen heraus, ihr Menschenbild in neuer und grundsätzlicher Weise zu bestimmen.

Auf welchen Fundamenten würde unsere Gesellschaft ihre Zukunft begründen? Inwiefern konnte der Blick auf die Entstehung der abendländischen Kultur dabei hilfreich sein? Welche Rolle spielte die religiöse Bindung des Einzelnen für die Stabilität einer demokratischen Ordnung? Die Rolle des Bürgers in einem modernen demokratischen Staat war in Bewegung geraten, und sie warf unzählige Fragen auf.[40] Die alte Zieldefinition des Staates, die allein auf die Erfüllung der »Ordnungsmäßigkeit« ausgerichtet war, entstammte noch hierarchischen Welt-

Reinhard Mohn, 1929

Heinrich Mohn, um 1945

Agnes Mohn, 1920

Reinhard Mohn, Ende der Dreißigerjahre während einer Bergwanderung

Reinhard Mohn, um 1940

Reinhard Mohn, 2. Januar 1947

Rede im Soldatenmantel

Reinhard Mohn, August 1954

New York

Erste Begegnung zwischen Liz und Reinhard Mohn auf einem Betriebsfest 1957

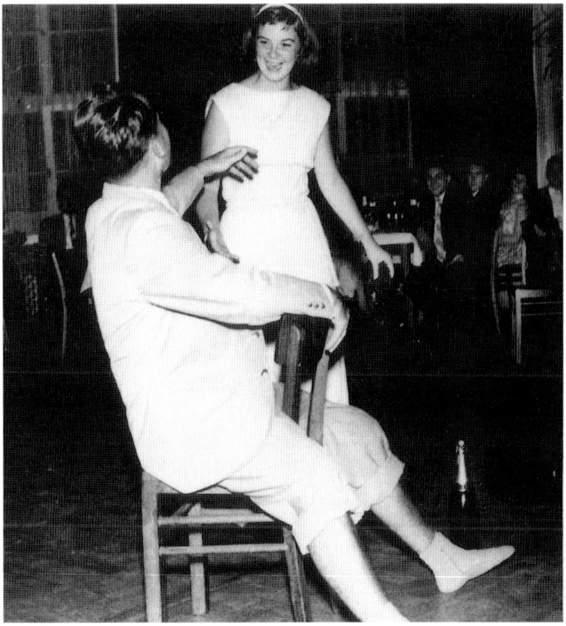

Reise nach Japan, Geschäftsessen, Mai 1963

Reinhard Mohn mit Oscar Dystel in New York, 1970

Reinhard Mohn auf der Vespa des Círculo de Lectores, 1967

Roman Herzog, Reinhard Mohn, 10. September 1998

Liz Mohn, Reinhard Mohn und Teddy Kollek, 1. Juli 1991
Festakt zum 70. Geburtstag von Reinhard Mohn, Stadthalle Gütersloh

Liz und Reinhard Mohn am 7. Oktober 2000
im Foyer der Bertelsmann Stiftung in Gütersloh

bildern und der Funktion des Bürgers als Untertan der staatlichen Macht. Die Aufgaben eines modernen Staates mussten deshalb neu gefasst und in ihrer Dienstleistungsfunktion für die Bürger an den Kriterien internationaler Wettbewerbsfähigkeit ausgerichtet werden. Doch umgekehrt gehörte es auch zu den Aufgaben der Bürger in einem demokratischen Staat, gesellschaftliche Verantwortung zu übernehmen und sich mit persönlichem Engagement für die Ausgestaltung ihrer Gemeinschaft einzusetzen. Mit dem Ende der Sechzigerjahre begann eine Vielzahl gesellschaftspolitischer Veränderungen, deren Auswirkungen bis in die Gegenwart reichen.

Die enorme Verbesserung des Lebensstandards hatte in großen Teilen der Gesellschaft dazu geführt, dass der Erziehung zu ethischem Verhalten immer weniger Bedeutung beigemessen wurde. Aus der berechtigten Rebellion der Achtundsechzigerbewegung gegen überkommenes Hierarchiedenken und Untertanengeist hatte sich eine extreme Liberalität entwickelt, deren Folgen jeglichen Wertekonsens einer demokratischen Gemeinschaft in Frage stellten.

Auch ich hatte als Kind und Jugendlicher unter der strengen religiösen Disziplin in meinem Elternhaus gelitten und jene persönliche Motivation vermisst, die aus innerer Überzeugung und einem kritischen Dialog erwächst, der beide Seiten respektiert und die daraus erwachsenden Fragen offen erörtert. Die Herausforderungen jedoch, vor die ich mich als junger Mensch gestellt sah, erweiterten meinen Blick. Sowohl als junger Offizier wie später als junger Unternehmer hatte ich Menschen in schwierigsten Situationen führen müssen und dabei erfahren, dass Menschen unabhängig von ihrem Alter und ihrer sozialen Herkunft nach geistiger Orientierung suchen, weil sie sich mit den Zielen ihrer Gemeinschaft identifizieren wollen. In einem weiteren Schritt bestätigten meine im Ausland gewonnenen Eindrücke meine Auffassung, dass unsere unter katastrophalen historischen Voraussetzungen errungene demokratische Gemeinschaft ohne ein Bekenntnis zur geistigen Orientierung auf Dauer keinen Bestand haben würde.

Damals wurde mir klar, dass allein die geistige Orientierung über die Bindung zwischen Individuum und Gesellschaft entscheidet und den Grad der Übereinstimmung in ethischen Grundfragen definiert. Die geistige Orientierung hilft dem Einzelnen, seinen Platz in der Gemeinschaft einzunehmen, und ermutigt ihn zur Wahrnehmung seiner gesellschaftlichen Verantwortung. Es liegt im Wesen des Menschen, für die Sicherung seines Lebens und den Schutz seiner sozialen Gemeinschaft Sorge zu tragen. Die Geschichte hat uns gelehrt, dass Menschen durchaus bereit sind, alte Gewohnheiten aufzugeben, wenn diese Ziele nur durch einen Wandel ihrer Kultur erreicht werden können. Doch solche Umstellungen kosten viel Zeit und Geld und sind nur dann realisierbar, wenn den Betroffenen die Notwendigkeit ihres Handelns in aller Deutlichkeit vor Augen steht.

Wissenschaftlicher Fortschritt oder Einsicht in die Bedingungen des wirtschaftlichen Wettbewerbs können diese Erfordernisse veranschaulichen. Es liegt in der Verantwortung der politischen Führung, diese Erkenntnisse bei der Bevölkerung durchzusetzen – eine schwierige Aufgabe, insbesondere in einer demokratischen Gemeinschaft!

Ist eine Führung aus hierarchischen oder dogmatischen Gründen dazu nicht in der Lage, steht die Kultur vor ihrer Existenzfrage. Denn die Kraft zur Fortschreibung einer Kultur kann nur begrenzt von oben »verordnet«, sie muss in demokratischer Überzeugungsarbeit errungen werden. Erst aus der Identifikation mit dem Gemeinwohl entsteht die Kraft der Motivation, mit persönlichem Engagement für ebendiese Gemeinschaft einzustehen, ihr aus eigenem Antrieb neue Impulse und Ideen zu vermitteln und damit die gesellschaftlich notwendige Kraft zur steten Erneuerung der geistigen Orientierung freizusetzen.

In Bezug auf die Entwicklung von Werten und Zielen und die Durchsetzung von Menschlichkeit muss ebenso die Bedeutung der Religionen für die geistige Orientierung diskutiert werden. Nicht nur der Staat, auch die Kirchen werden ihre zukünftige Rolle dabei überdenken müssen. In den letzten Jahrzehnten ist die Zusammenarbeit von Politik und Kirche auf bedauerliche Weise ins Stocken geraten, dabei lassen sich die für unser Zusammenleben notwendigen Reformen im Bereich der Ethik, Seelsorge und Humanität nur mit gemeinsamer Anstrengung bewältigen. Ordnungen der Ethik und des Glaubens sind in besonderer Weise herausgefordert, ihre Fortschreibungen in einem kritischen Dialog mit den Menschen zu erzielen. Ohne Einsicht und Vertrauen sind Menschen für Glaubensfragen nicht zu gewinnen. Die Vertreter dieser Ordnungen stehen in der Pflicht, durch ihr Verhalten dieses Vertrauen wie auch den von ihnen verkündeten Glauben zu rechtfertigen. Dabei darf der Zusammenhang von Lehre, Identifikation und Glauben nicht unterschätzt werden. Menschen wollen die Grundlagen ihrer geistigen

Orientierung verstehen. Dogmen ohne Begründung haben in der heutigen Zeit keinen Bestand mehr. Eine vergleichende Betrachtung der Kulturen führt uns vor Augen, dass Menschen ohne geistige Orientierung keine ausreichende Motivation entwickeln, um in Freiheit das eigene Leben zu gestalten und ihren Beitrag zur Entwicklung ihrer Gesellschaft zu leisten. Und dafür wiederum müssen die Menschen die Ziele ihrer Gemeinschaft verstehen und kritisch hinterfragen dürfen.

Aus all diesen Überlegungen heraus entschloss ich mich 1977 zur Gründung einer gemeinnützigen Stiftung, mit deren Hilfe dem Staat und gesellschaftlich bedeutsamen Institutionen die sinnvolle Nutzung messbarer Leistungskriterien veranschaulicht werden sollte. Aus meiner unternehmerischen Erfahrung heraus war mir bewusst, dass Reformen in großen Organisationen, sei es nun in der Wirtschaft, im Staat, beim Militär oder in den Kirchen, oftmals Jahre und Jahrzehnte benötigen. Doch ich war zuversichtlich, dass es uns mit Hilfe der Bertelsmann Stiftung gelingen würde, den gesellschaftlichen Reformprozess vor allem in den bisher ausschließlich staatlichen Bereichen wie Gesundheit, Bildung und Verwaltung ein entscheidendes Stück voranzutreiben.[41]

## Das politische Fundament der Zukunft heißt Menschlichkeit und Gerechtigkeit

Der Gedanke der Humanität zielt auf die grundsätzliche Gleichheit aller Menschen gleich welcher Herkunft oder welchen Geschlechts. Er beinhaltet die allgemeine Menschenwürde und den Grundgedanken des Pazifismus, der Angriffskriege ablehnt und im weiteren Sinne religiöse und politische Toleranz anstrebt. Als Grundlage der allgemeinen Menschenrechte und des internationalen Völkerrechts konstituiert sich die Humanität als Rechtsgrundsatz sowohl auf der Ebene der Staatengemeinschaft als auch innerhalb eines Staates. In den Verfassungen der demokratischen Staaten ist die Humanität in den Gesetzen fest verankert, sie bildet die Grundlage unserer demokratischen Gesellschaft, die den Respekt vor den Interessen der Mitmenschen und das Recht auf freie Meinungsäußerung zu ihren unveräußerlichen Grundrechten zählt.

Wo Menschen sich begegnen, wo Menschen miteinander arbeiten und leben, muss die Frage nach gemeinsamen Werten gestellt werden. Wer wie ich auf unzähligen Reisen ein großes Spektrum menschlicher Sitten und Bräuche kennenlernen durfte, weiß um die enormen Impulse, die von der Begegnung mit der Fremde, mit den Erfahrungen eines anderen Kulturkreises ausgehen.

Und er erfährt, dass es sehr wohl Werte gibt, die als universell zu betrachten sind, wie er auch zahlreichen Werten begegnet, die ihre Wurzeln eher in lokalen Gepflogenheiten haben. Um das eine vom anderen zu unterscheiden, gibt es nur ein Mittel: das Gespräch! Gerade die Begegnungen mit Menschen aus anderen Kulturkreisen öffnen uns den Blick für das breite Spektrum menschlicher Lebensweisen und Lebensformen, aber auch für die verbindenden Wurzeln der Humanität, wie sie sich in fast allen Kulturen finden lassen.[42]

In einer demokratischen Kultur, die die Fähigkeiten ihrer Bürger zur Entfaltung bringen soll, müssen die von der politischen Führung zu setzenden Ziele sowohl Zustimmung bewirken als auch Freiraum für persönliche Initiative belassen. Den Politikern kommt dabei die Aufgabe zu, neue Möglichkeiten anzuregen und zu steuern. Die Geschichte hat uns gelehrt, dass die Einwirkung des Staates dabei sowohl förderlich als auch hinderlich sein kann. Zu viel Staat beschränkt die kulturellen Entwicklungsmöglichkeiten seiner Bürger. Zu wenig Staat verhindert die gemeinschaftliche Ausrichtung einer Gesellschaft.

Aus den Erfahrungen unseres Unternehmensaufbaus verstand ich auch die gesellschaftspolitische Steuerung eines Gemeinwesens als einen vielgestaltigen Prozess, dessen unablässige Veränderung und Weiterentwicklung die politische Führung zum Dialog mit kritischen Bürgern, kompetenten Persönlichkeiten, wissenschaftlichen, staatlichen und privaten Institutionen veranlassen sollte.

So wie schon der Aufbau der Bertelsmann AG mit sorgfältig durchdachten wirtschaftlichen und sozialpolitischen Überlegungen einherging, so lagen auch der Gründung der Bertelsmann Stiftung zwei Zielsetzungen zugrunde: Die erste galt der Sicherung der Unternehmenskontinuität. Die 1977 abgeschlossenen Verträge sahen vor, dass die Stiftung zu einem späteren Zeitpunkt das Kapitalvermögen der Familie Mohn übernehmen und somit eine Finanzierungskontinuität gewährleisten sollte, die von Erbschaftssteuern befreit blieb. Die zweite Zielsetzung galt dem von mir mehrfach angemahnten demokratischen Engagement aller Bürger. Die von mir geforderte Selbstverpflichtung, sich je nach Vermögen an der Ausgestaltung und Weiterentwicklung des demokratischen Staates zu beteiligen, wollte das Haus Bertelsmann nun mit der Stiftungsgründung auf breiter Ebene initiieren. Die Bertelsmann Stiftung wurde als operative, konzeptionell arbeitende Einrichtung geplant, die bei der Gestaltung und Durchführung ihrer weltweiten Projekte gleichermaßen mit Wissenschaftlern und Fachkräften aus unterschiedlichsten Gebieten kooperieren und dabei in engem Kontakt mit staatlichen und privaten Institutionen stehen sollte. Aus den Pionierjahren der Stiftungsanfänge erwuchsen in über dreißig Jahren Stiftungsarbeit Hunderte von Projekten, die in den Bereichen Wirtschaft und Politik, Staat und Verwaltung, Hochschule und Medien, Kultur und Medizin, Schul- und Bibliothekswesen exemplarische Modelle und gesellschaftspolitische Impulse vermitteln konnten. Die Ergebnisse haben die Teilhabe des Bürgers am öffentlichen Leben nachhaltig verändert. Auf vielen Arbeitsfeldern ist es der Bertelsmann Stiftung gelungen, mit Hilfe von Entwicklungs- und Leistungsvergleichen aus dem Ausland im Zuständigkeitsbereich des Staates erheblichen Reformbedarf aufzuzeigen und bahnbrechende Neuerungen durchzusetzen. Auch in Zukunft gehört es zu den vorrangigen Aufgaben der Stiftung, im Interesse des Fortschritts die Leistungsvergleiche aller Länder sichtbar zu machen und mittels der erzielten Ergebnisse den öffentlichen Dialog der demokratischen Systeme zu befördern.

Für mich persönlich hat sich in den Initiativen der Bertelsmann Stiftung jenes praktische demokratische Engagement bewiesen, von dem ich seit meiner Zeit im Kriegsgefangenenlager Concordia geträumt hatte. Bürgernah und unmittelbar auf die gesellschaftspolitischen Entwicklungen des modernen Staates ausgerichtet, konnten die

Stiftungsprojekte einen Weg erproben, unsere Demokratie effizienter und den Kapitalismus menschlicher zu machen. Die in den Siebzigerjahren angestoßenen Überlegungen führen uns heute mit den Veränderungen eines weltweiten Globalisierungsprozesses weit über Deutschland hinaus und fordern uns mit ihren Fragen nach einer gerechten Teilhabe und Integration in einer globalisierten Welt zur politischen Stellungnahme und aktivem Handeln auf. Die aus den Stiftungsprojekten erwachsene Kontinuität des gesellschaftskritischen Dialogs mit kompetenten Kulturträgern, Wissenschaftlern, Wirtschaftsführern und Politikern ist mir über Jahrzehnte ein Quell kritischer Reflexion geblieben. Bis heute stehen die Grundfragen nach Menschlichkeit und Gerechtigkeit in den politischen und gesellschaftlichen Systemen dieser Welt im Mittelpunkt der Stiftungsstrategie.

# Der Weg in die Zukunft

## Persönliche Entscheidungen und unternehmerische Weichenstellungen

Die Gründung und der Aufbau der Bertelsmann Stiftung waren für mich untrennbar mit dem Gesamtkonzept eines partnerschaftlichen Unternehmens verbunden, wie es sich aus den Bausteinen unserer Unternehmenskultur seit den Fünfzigerjahren entwickelt hatte. Mit der 1974 erfolgten Grundsteinlegung für das neue Verwaltungs- und Verlagsgebäude in Gütersloh und dem Bezug unserer neuen Hauptverwaltung im Jahr 1976 konnten wir auch äußerlich ein Dach für unsere Unternehmensziele verwirklichen, deren Verbindung aus unternehmerischer Tradition und weltweiten Zielsetzungen schon durch die Bekräftigung des Standorts Gütersloh zu erkennen war.

Neben der Zusammenfassung von elf Einzelverlagen zur Verlagsgruppe Bertelsmann GmbH, der Gründung des Lexikothek-Verlags, dem Erwerb weiterer Fachverlage und internationaler Beteiligungen an Druck- und Verlagshäusern, hier vor allem am Verlag Plaza y Janés in Barcelona und an Bantam Books in New York, begann noch unter meiner Führung in den Siebzigerjahren mit der Gründung von Ariola Amerika und dem Erwerb der Arista Records in den USA und Großbritannien der weitere Ausbau des internationalen Musikmarkts und des Mediengeschäfts. Die Weichen für die internationale Ausrichtung des Konzerns waren also gestellt, als ich mit der Vollendung meines sechzigsten Lebensjahrs 1981 den Vorstandsvorsitz abgab und in den Aufsichtsratsvorsitz der Bertelsmann AG wechselte.

Mit diesem Wechsel begann auch in meinem persönlichen Leben eine Phase der Besinnung und der Neuausrichtung. Zwar begleitete ich in der Funktion des Aufsichtsratsvorsitzenden die weitere Expansion unseres Unternehmens in den USA und den wachsenden Ausbau des Radio- und TV-Geschäfts, das sich in den folgenden Jahrzehnten für Bertelsmann zu einem tragenden Unternehmensbereich auswachsen sollte. Doch anders als im schnellen unternehmerischen Tagesgeschäft konnte ich nun die Entwicklung des Hauses Bertelsmann und die von mir in zahlreichen Reden, Betriebs- und Grundsatzordnungen festgehaltene Entwicklung der Bertelsmann-Unternehmenskultur im Ganzen reflektieren und im Hinblick auf die gesellschaftlichen Entwicklungen und Fragestellungen kritisch ausarbeiten. Das schlug sich in einer Reihe von Publikationen nieder.[43]

Schon in der 1960 festgelegten Grundsatzordnung hatte ich mich für die Delegation der Verantwortung als einen der wichtigsten Bausteine unserer Unternehmenskultur ausgesprochen, und ich habe diese Entscheidung bis heute nie bereut. Die Entwicklung eines Großunternehmens ist ein jahrelanger Prozess, der des kreativen Austausches und der unbedingten Motivation und Identifikation vieler fähiger Köpfe bedarf, um zu einer Erfolgsgeschichte zu werden. Persönliche Auseinandersetzungen, Fehler und Enttäuschungen sind unvermeidlich, wenn Menschen miteinander arbeiten und gemeinsam um die besten und tragfähigsten Lösungen ringen. Ich war und bin der Auffassung, dass man seinen Mitarbeitern und Führungskräften zuerst immer mit Vertrauen begegnen sollte, um die Kräfte der Motivation und des Engagements für die Ziele des Unternehmens freizusetzen. Wird man enttäuscht und lassen sich schwerwiegende Differenzen auch nach mehrmaligen Gesprächen nicht lösen, dann muss man die Konsequenzen ziehen. Auch das gehört zur Verantwortung des Unternehmers für die Ziele der von ihm entwickelten Unternehmenskultur, so wie sie das Haus Bertelsmann in den zurückliegenden Jahrzehnten definiert hat und bis heute in einem stetigen Dialog mit seinen Mitarbeitern fortzuschreiben sucht.

Im Leben eines jeden Menschen gibt es Momente, in denen man die Entscheidungen und Weichenstellungen zurückliegender Jahre überdenkt und unter Umständen neu gewichtet. Mitunter sind das Augenblicke, in denen uns unsere Endlichkeit besonders drastisch vor Augen geführt wird und in denen uns aller Verstand nicht mehr weiterhilft. Momente also, die wir nur mit Gottes Hilfe und dank eines gnädigen Schicksals meistern können. Als junger Soldat hatte ich wiederholt lebensgefährliche Situationen überstanden. Allzu große Ängste waren mir seitdem fremd. Die vielen Auslandsreisen für das expandierende Unternehmen brachten manch brenzlige Situation mit sich, doch das meiste ließ sich bewältigen und war bald darauf vergessen.

Bei einem Flug im Winter mit der firmeneigenen Maschine von Stuttgart nach Mailand geriet die Situation über den Alpen außer Kontrolle. Wir waren mittags bei Schneefall gestartet, die Sicht war schlecht, doch der Pilot blieb zuversichtlich, dass wir diesen Flug ohne nennenswerte Probleme absolvieren könnten. Über den Schweizer Alpen allerdings kam das Flugzeug durch die einsetzende Vereisung des Motors ins Trudeln. Es überschlug sich immer wieder und stürzte schließlich über zweitausend Meter ohne jede Sicht in die Tiefe. Als der Pilot die Maschine doch noch unter Kontrolle brachte, befanden wir uns unterhalb der umliegenden Berggipfel. Die Sicht war noch immer sehr schlecht, und es gab wenig Veranlassung zu glauben, dass der Pilot und ich die Maschine mit heiler Haut verlassen würden. Hinterher erfuhren wir, dass wir längst vom Radar der Flugkontrolle in Mailand verschwunden waren. Die Firma in Gütersloh wurde benachrichtigt, man erwartete das Schlimmste.

In diesen Minuten, in denen sich in den Schweizer Alpen mein weiteres Schicksal entschied, schrieb ich einen Abschiedsbrief an die Frau, die mir zur Lebenspartnerin geworden war und deren unverbrüchliche Gemeinschaft mir so viel bedeutete: meine heutige Frau Liz. Nach vielen Jahren engster persönlicher Verbundenheit heirateten wir 1982 in Gütersloh und besiegelten so, was mit unserer ersten Begegnung auf einem Betriebsfest bei Bertelsmann 1957 begonnen hatte und über all die Jahre Bestand haben sollte.

Wie viele Angehörige meiner Generation hatte auch ich direkt nach dem Krieg sehr jung geheiratet und eine Familie gegründet. Menschen verändern sich, und die Entwicklungen der folgenden Jahrzehnte führten zur Trennung von meiner ersten Frau. Der Umgang mit meinen Kindern Johannes, Susanne und Christiane hat mir immer viel Freude gemacht, aber natürlich ist das familiäre Zeitbudget bei einem leidenschaftlichen Unternehmer begrenzt.

Meine zweite Frau Liz hatte sehr jung mit ihrer Arbeit bei Bertelsmann begonnen und im Lauf der Jahre keine Herausforderung gescheut und schwierigste Aufgaben hervorragend gemeistert. Wir verstanden uns in geschäftlichen Fragen so gut wie im persönlichen Bereich. Für mich war und ist sie eine wunderbare Ergänzung. Ich hatte Erfahrung in Menschenführung und Management, Liz zeigte außergewöhnliche Fähigkeiten in der Beurteilung und Motivation von Mitarbeitern und Führungskräften. Unsere Persönlichkeiten haben sich im Privaten wie in den gemeinsamen Zielen für Bertelsmann hervorragend ergänzt. In unzähligen Abendgesprächen diskutierten wir unsere täglichen Erfahrungen und die denkbare Weiterentwicklung der Bertelsmann-Unternehmenskultur.

Schon vor einigen Jahren hat meine Frau in der Bertelsmann Stiftung und in der Bertelsmann AG wichtige Funktionen übernommen. Dank ihrer Urteilsfähigkeit und ihrer von persönlicher Kontaktfreude getragenen weltweiten Vernetzung mit Wissenschaftlern, Wirtschaftsführern und Politikern ist sie zu einer wichtigen Führungskraft unseres Hauses geworden. Ich bin zuversichtlich, dass die Kontinuität unseres Unternehmens durch ihr hohes persönliches Engagement gesichert wird. Ihr Einsatz erfüllt mich mit Freude und Dankbarkeit und erstreckt sich über die rein betrieblichen Belange auch auf meine Kinder und Enkelkinder. Liz ist stets bemüht, begabten jungen Menschen eine Aufstiegschance zu verschaffen, und weiß aus eigener reicher Lebenserfahrung, wie wichtig Motivation und Menschlichkeit für die ersten Schritte einer beruflichen Laufbahn sind. Von unseren eigenen drei Kindern Christoph, Brigitte und Andreas war unsere Tochter viele Jahre unser größtes Sorgenkind. Brigitte litt an schweren Lungenerkrankungen, und wir mussten wiederholt um ihr Leben fürchten. Meine Frau Liz und ich standen unter furchtbaren Belastungen! Jeden Winter reiste Liz mit dem Kind in südliche Länder, und trotz alledem ließen sich schwerste Zusammenbrüche nicht immer vermeiden.

In all der Verzweiflung wurden wir auch noch mit dem Rat der Ärzte konfrontiert: »Lassen Sie das Kind sterben!« Doch meine Frau hat nie aufgegeben und mit unermüdlichem Einsatz das Leben unserer Tochter gerettet.

Brigitte hat später in den USA studiert und internationale Erfahrungen gesammelt. Inzwischen hat sie die Leitung der von meiner Frau gegründeten Schlaganfall-Hilfe übernommen und den unter meiner Frau begonnenen Aufbau eines deutschlandweiten Netzes zur Bekämpfung des Schlaganfalls fortgeführt. Innerhalb unseres Landes, aber dank zahlreicher Kooperationsverträge mit dem Ausland auch über Deutschland hinaus konnte durch die Arbeit der Deutschen Schlaganfall-Hilfe bisher Tausenden von Menschen das Leben gerettet werden. Während sich unser Sohn Christoph durch große Eigenständigkeit auszeichnet, teilt Brigitte in ihrer zielgerichteten und verantwortungsvollen Art meine Auffassung, dass jedermann mit seiner Arbeit auch einen Beitrag für die Gemeinschaft zu erbringen hat. Sie wird als engagiertes Mitglied des Stiftungsvorstands zweifelsohne auch zukünftig ihren Beitrag zur Kontinuitätssicherung der Bertelsmann Stiftung leisten.

## Der Dialog der Kulturen ist unverzichtbar für ein globales Miteinander

Während meiner Zeit als Vorstandsvorsitzender der Bertelsmann Stiftung unternahm ich gemeinsam mit meiner Frau Liz zahllose Auslandsreisen, um sowohl beispielhafte Initiativen aus anderen Ländern für Deutschland als auch umgekehrt die in Deutschland durch die Stiftungsarbeit erprobten Modellprojekte für andere Länder nutzbar zu machen.

Kern dieser Gespräche und Bemühungen war immer der Dialog über nationale Interessen und kulturelle Unterschiede hinweg. Oft löste das Engagement in einem Land das Interesse eines anderen Landes aus, und so fügten sich im Lauf der Jahre viele länderübergreifende Bausteine zusammen. Beispielsweise veranstalteten wir 1991 in Barcelona eine Tagung der Bertelsmann Stiftung, welche die internationale Zielsetzung unseres Hauses mit besonderem Schwerpunkt auf den Mittelmeerländern zum Thema hatte. Vor zahlreichen Politikern und Pressevertretern stellten wir die Tätigkeitsfelder der Stiftung vor und erläuterten Beispiele unseres Engagements im Bildungswesen. Exemplarisch dafür war der Aufbau einer Journalistenschule in Israel, die ich gemeinsam mit meinem Freund Teddy Kollek, dem damaligen Bürgermeister von Jerusalem, initiiert und konzeptionell entwickelt hatte.

Am Ende der Tagung sprachen mich zwei Journalisten aus Ägypten an, die sich nach Möglichkeiten der Bildungsförderung in ihrem Heimatland erkundigen wollten. Diese Anfrage löste weitere Überlegungen zu einem Bildungsprojekt in Ägypten aus. In diesem Land mit seinen beeindruckenden historischen Bauten und seiner großen Geschichte herrschten außerhalb der Städte erschreckende Armut und minimale Fortbildungsmöglichkeiten. Bei unserer Kontaktaufnahme mit der Frau des ägyptischen Präsidenten, Suzanne Mubarak, stellten wir eine hohe Übereinstimmung in Bildungsfragen fest und beschlossen schon in unserem ersten Gespräch, das Bibliothekswesen als exemplarisches Instrument der Bildungsförderung in Ägypten systematisch zu entwickeln. Für dieses Modell hatten wir in Deutschland mit der Neukonzeption von Stadtbibliotheken, auch in meiner Heimatstadt Gütersloh, wertvolle Erfahrungen gewonnen, die wir nun in Ägypten zur Anwendung bringen konnten. Unser Projekt zur Bildungsförderung in Ägypten zielte auf den Ausbau des Bibliotheksnetzes im ganzen Land, wie auch die erforderliche Ausbildung von Bibliotheksleitern initiiert und systematisiert werden musste.

Alles in allem haben wir dieses Projekt in erfreulicher Zusammenarbeit mit Frau Mubarak und dem ägyptischen Kultusministerium viele Jahre lang vorangetrieben. Ich selbst bin mit meiner Frau Liz für dieses Bildungsprojekt sicherlich dreißig Mal in Kairo gewesen. Bis heute denke ich gerne an unsere Arbeit in Ägypten und an unsere dortigen Freunde zurück. Wir erleben derzeit in Europa, wie schwierig es ist, Kulturen, die über Jahrtausende gewachsen sind, friedlich zu integrieren. Das Beispiel Ägypten ließ mich erkennen, dass Geduld, Engagement und Freundschaften unentbehrliche Helfer sind, wenn man Frieden und Fortschritt in unserer Welt weitertragen und sichern möchte.

Mit der Region des Nahen Ostens bin ich auf vielfache Weise verbunden. Das von meinem Freund und Geschäftspartner Oscar Dystel initiierte und mit dem Jerusalemer Bürgermeister Teddy Kollek begründete Engagement in Israel hat bis heute zahlreiche Kooperationen der Stiftung mit Israel begründet. Im Jahr 2003 erhielten meine Frau und ich von der Regierung in Jerusalem den Teddy-Kollek-Award für unsere Bemühungen um das Land Israel. Ich habe diesen Preis, der den Namen meines alten Freundes trägt, mit besonderer Freude entgegengenommen.

Über Jahrzehnte hinweg stand in den politischen Foren der Bertelsmann Stiftung die Frage nach den Möglichkeiten der Friedenssicherung in einer Welt unterschiedlichster politischer Systeme und expansiver nationaler Bestrebungen im Mittelpunkt der Diskussionen. Im Gespräch mit politischen Führern, Wirtschaftslenkern und Wissenschaftlern habe ich immer wieder nachdrücklich auf den fatalen Kreislauf hingewiesen, der bis heute viele Verantwortliche in dieser Welt glauben lässt, allein militärische Macht und nationale Größe könnten den Frieden sichern, aber damit letztlich nur erneute Kriege und territoriale Verwüstungen hervorbringt.

Auch die Idee eines geeinten Europa war schließlich jahrhundertelang nur in den Köpfen von Philosophen oder humanistischen Schriftstellern präsent, die sich wie der französische Autor Victor Hugo die »Vereinigten Staaten von Europa«[44] vorzustellen vermochten. Die ungeheure Zerstörungskraft zweier Weltkriege schien schließlich dem Idealismus des europäischen Gedankens für immer die Basis entzogen zu haben. Und doch gelang es europäischen Staatsmännern wie dem deutschen Kanzler Konrad Adenauer, dem englischen Premierminister Winston Churchill, dem französischen Außenminister Robert Schumann und dem italienischen Regierungsvertreter Alcide de Gasperi zwischen 1945 und 1950, erste vertragliche Grundlagen und länderverbindende Vertragsvoraussetzungen zu schaffen, die eine neue Rechtsstaatlichkeit und Gleichberechtigung zwischen den westeuropäischen Ländern garantierten. Und es war letztlich der Blick auf die gemeinsamen Wirtschaftsinteressen, der den Durchbruch in der Kooperation der Länder brachte. Die Gründung der Europäischen Montanunion für Kohle und Stahl 1951 stellte einen ersten Meilenstein im Prozess der Versöhnung der ehemaligen Kriegsgegner dar. Doch bis heute erweist sich der Weg der europäischen Staaten zu einer tragfähigen Staatengemeinschaft als dornenreich und schwierig. Der Erweiterungsprozess, der nach dem Mauerfall 1989 und dem Auseinanderbrechen der Sowjetunion 1991 in Gang kam und in dem vor allem die ehemals kommunistischen Länder Mittel- und Osteuropas den Anschluss suchten, hat die Europäische Union vor völlig neue Herausforderungen gestellt. Aktuell führt uns die Debatte um die Beitrittsverhandlungen mit der Türkei und mit Kroatien schon innerhalb des europäischen Kontinents die tief greifenden kulturellen Unterschiede vor Augen und verdeutlicht das Ausmaß der Anstrengungen, die notwendig sind, um über einzelstaatliche Interessen hinaus Kooperationsformen zu entwickeln, die gemeinsame Ziele und Verantwortungsbestrebungen erkennen lassen.

Die Europäische Union wurde aus dem Bemühen um eine dauerhafte Friedenssicherung im Herzen Europas heraus gegründet, doch ihre Entwicklung und ihr Erfolg sind zweifelsohne das Ergebnis ihrer wirtschaftlichen Aktivitäten. Nur durch die Sicherung ihrer wirtschaftlichen Wettbewerbsfähigkeit kann die Europäische Union ihr politisches Ziel des Friedens erreichen. Die außerordentliche Komplexität der europäischen Gesellschaften und die ständig wachsenden Ansprüche an den Fortschritt und den gestiegenen Lebensstandard lassen die Schere zwischen Armen und Reichen beängstigend auseinandergehen. Diese Kluft stellt die europäische Staatengemeinschaft vor enorme Herausforderungen, die nur mit hoher Kompetenz und Effizienz bewältigt werden können. Eine besondere Rolle kommt hierbei der Entwicklung von Führungstechniken zu, die geeignet sind, die demokratischen Ordnungen im internationalen Vergleich wettbewerbsfähig zu machen. Der Dialog der Kulturen und das Bemühen um politische und wirtschaftliche Kooperationsformen dürfen nicht aus der diffusen Haltung einer vermeintlichen abendländischen Überlegenheit heraus gestaltet werden, sondern sollten sich aus der Offenheit und dem Respekt für andere Lebensformen und aus unterschiedlichen historischen Erfahrungen begründen. Die Demokratie der Moderne muss als politisches System überzeugen, und das kann ihr nur gelingen, wenn sie sich als lernfähig genug erweist, den Anforderungen der Menschen an Fortschritt und Weiterentwicklung gerecht zu werden.

Die Erfahrungen des Hauses Bertelsmann beim Aufbau internationaler Beziehungen und die Erfahrungen der Bertelsmann Stiftung auf dem Gebiet der internationalen Kooperation haben mich gelehrt, dass der unmittelbare Dialog und eine auf gemeinsame wirtschaftliche und gesellschaftspolitische Ziele ausgerichtete Zusammenarbeit geeignet sind, Grenzen zu überwinden und kulturelle Verständigungsmöglichkeiten erfolgreich zu erproben. Die Völker der Welt sind dabei zu begreifen, dass militärische Möglichkeiten dank ihrer existenzbedrohenden Wirkung keine Alternative für weiterreichende politische Bemühungen sind.

Die Geschichte hat bewiesen, dass Macht und Gewalt auf Dauer die Ordnungen der Menschen nicht erhalten können. Unverzichtbar gehört dazu auch die geistige Orientierung. Die Werte und Regeln einer jeden Kultur entscheiden letzten Endes über ihre Existenz. Wer politische und gesellschaftliche Reformen einläuten will, sollte auch die Frage nach der geistigen Orientierung der Gesellschaft oder Staatengemeinschaft stellen. Die unablässige Diskussion um kulturell verbindende Werte über nationale, religiöse und politische Grenzen hinweg muss zu unseren vordringlichsten Bemühungen gehören! Nur wenn die Menschen einer Gemeinschaft über gemeinsame Werte und Ziele verfügen, werden sie sich mit deren Weiterentwicklung identifizieren können und in persönlicher Motivation dafür einstehen. Und so wie sich die Demokratie als politische Ordnung nicht allein auf die Botschaft ihrer historischen Überlegenheit berufen darf, so können auch die Kirchen in der Frage der geistigen Orientierung ihre Botschaft nicht allein aus der Historie begründen. Ob es sich um die kulturellen Eigenarten der Völker, um politische Ordnungssysteme der Staaten oder um die geistige Orientierung der Menschen handelt – alles ist dem Wandel der Zeit unterworfen. Nichts bleibt, wie es war. Dogmen aller Art können die Bewältigung der Zukunft nicht garantieren.

## Demokratie und Führung bedürfen der Fortschreibung

Das System der Demokratie als Gesellschaftsordnung, bei der eine gewählte Regierung den politischen Willen des Volkes repräsentiert, hat seine Wurzeln in der griechischen Antike. Die Bürger Athens kannten ihre Politiker persönlich – sie wussten, was sie von ihnen zu halten hatten. Auf diesem Weg war eine direkte Identifizierung mit den Zielen der demokratischen Führung möglich, die wiederum die Existenzbedingungen der Menschen aus eigener Anschauung kannte. Diese Durchlässigkeit setzte nicht nur ein großes Leistungspotenzial frei, sie ermöglichte in der auf Fortschritt ausgerichteten griechischen Kultur auch die Delegation der Verantwortung an einzelne

Bürger und die Gewährleistung von Freiräumen zur Gestaltung der demokratischen Gemeinschaft.

Die Legitimation der Macht hat im Verlauf der Jahrtausende unterschiedlichste Formen angenommen und sich wechselweise aus territorialem Besitz, militärischer Größe, Wissen oder geistiger Orientierung hergeleitet. In der heutigen Zeit stehen Nationalstaaten und Kulturen, die auf hierarchischen und totalitären Ordnungssystemen basieren, demokratischen Staatsformen gegenüber, in der die Bürger mit ihrem Votum selbst mitgestalten können.

Doch das nationalstaatliche Ideal hat sich über die Divergenz der Staatsformen hinaus als anfällig erwiesen. Viele Kriege und nationale Konflikte haben gezeigt, dass die politische Gliederung nach Kulturen und Nationen den globalen Entwicklungen kaum gerecht werden kann. Auch wenn nationalstaatliche Vorstellungen noch immer das Weltgeschehen zu dominieren suchen, treten zunehmend die Konflikte unterschiedlicher Kulturkreise in den Mittelpunkt, in denen Wertvorstellungen muslimischer und orthodoxer Kulturen mit denen des westlichen Christentums zusammenprallen. An die Stelle einer Rivalität der Supermächte aus der Zeit des Kalten Krieges ist eine Vielzahl kultureller und ethnischer Konflikte getreten.[45]

Die religiösen und philosophischen Voraussetzungen, die Grundwerte und sozialen Beziehungen, aber auch die gesellschaftlichen Sitten und Weltanschauungen variieren in diesen Kulturkreisen erheblich. Die globale Politik kann sich den multipolaren und multikulturellen Herausforderungen nicht entziehen. Der wirtschaftliche Erfolg Ostasiens hat seine Ursprünge in der ostasiatischen Kultur, genauso wie die Schwierigkeiten der ostasiatischen Gesellschaften bei der Entwicklung demokratischer Systeme in ebendieser Kultur wurzeln.

In der islamischen Kultur lassen sich viele Gründe dafür finden, warum die Demokratie in weiten Teilen der muslimischen Welt bislang nicht Fuß fassen konnte. Sie zeigen aber auch, warum der wirtschaftliche Fortschritt hier immer wieder Rückschläge erleidet.[46]

Durch die noch vor wenigen Jahren kaum vorstellbare Geschwindigkeit des globalen Informationsflusses und die rasanten Entwicklungen in Wissenschaft und Technik können Menschen heute überall auf der Welt ihre eigenen Lebensformen mit denen anderer Völker und Kulturen vergleichen. Diese Einsichten wecken Begehrlichkeiten und Forderungen an die Fortentwicklung der eigenen Lebensverhältnisse, und sie münden häufig in Konflikte um die Gestaltung der Kultur und der Gesellschaftsordnung. Schneller und nachhaltiger als früher werden dadurch auch die politische Ordnung und das Verhalten der Herrschenden infrage gestellt.

Vor allem die in ungeheurer Schnelligkeit vollzogene Umwandlung großer Volkswirtschaften wie Indien und China, aber auch die rasante Wirtschaftsentwicklung einiger arabischer Staaten oder der ehemaligen Sowjetunion führen uns deutlich vor Augen, dass Demokratie und Wirtschaftswachstum schon lange nicht mehr die einzig denkbare Allianz bilden, die zu Fortschritt und globaler Wettbewerbsfähigkeit führt.

Die historische Rechtfertigung der Demokratie als erfolgreiche Staatsform hat in der öffentlichen Meinung hierzulande und in den Köpfen vieler verantwortlicher Politiker die fatale Einschätzung entstehen lassen, über ein

Patentrezept staatlicher Ordnung zu verfügen, das als solches unantastbar und auf Dauer gültig sei. Erst langsam setzt sich die Erkenntnis durch, dass in unserem Zeitalter des Wandels auch die Demokratie als Staatsform ständiger Fortschreibung bedarf und die Analyse ihres Reformbedarfs zu den dringlichen Aufgaben demokratischen Handelns gehört.[47] Menschen identifizieren sich nur dann mit den politischen und kulturellen Errungenschaften ihrer Gemeinschaft und mit ihrer Führung, wenn sie die Beweggründe dieser Ausrichtung verstehen und persönlich dafür eintreten können. Wenn die Demokratie den Wettbewerb mit anderen politischen Ordnungssystemen in Zukunft bestehen will, dann muss sie die Menschen auch im Zeitalter des globalen Wandels überzeugen!

Es gehört zu den Aufgaben unserer demokratischen Führung, unsere politischen Systeme, unsere gesellschaftliche Zielsetzung und unsere geistige Orientierung einer konsequent kritischen Betrachtung zu unterziehen, um deren Ausrichtung mess- und bewertbar darzustellen. Eine Leistungsmessung setzt wiederum den Vergleich des politischen und gesellschaftlichen Handelns mit anderen Ländern und anderen demokratischen Ordnungen voraus. Dazu benötigen wir Kriterien, die Wirksamkeit und Effizienz sichtbar machen. Die heutige Informationstechnik bietet solche Vergleichsmöglichkeiten in großem Umfang an.

Das Funktionieren einer modernen Demokratie ist entscheidend für die Motivation der Bürger und beeinflusst maßgeblich deren Vertrauen in die Politik ihres Landes. Der Vertrauensverlust zahlreicher Bürger in die Politik kann nur mit konsequenter Transparenz hinsichtlich der

Maßstäbe des politischen Handelns aufgehalten werden. Nur wenn Ziele mess- und bewertbar offengelegt werden, wird der Wähler als mündiger Bürger auch ernst genommen, denn nur dann ist es ihm möglich, Erfolg oder Misserfolg seiner Regierung sachgerecht zu beurteilen. Gerade in den rein staatlichen Zuständigkeitsbereichen – wie etwa in der Bildung, der Verwaltung und den Staatsfinanzen – offenbaren Leistungsvergleiche mit dem Ausland mitunter erschreckende Defizite. Motivierte und verantwortungsbewusste Bürger aber fallen nicht vom Himmel, sie können nur mit politischem Handeln überzeugt und gewonnen werden!

Die Fortschreibung der staatlichen Ziele und Arbeitsweisen muss in unserer Gesellschaft bei der Führung anfangen. Unsere Politiker und Staatsbediensteten sollten sich wie die Führungskräfte in der Wirtschaft der Einsicht öffnen, dass der weltweite Vergleich ihrer Leistung auch einen Leistungswettbewerb hervorruft. Ob unsere demokratischen Systeme diesen Wettbewerb gewinnen oder verlieren werden, ist sowohl von unserem Zielverständnis als auch von der Kompetenz unseres Führungspersonals abhängig.

Es geht kein Weg an der Einsicht vorbei, dass der Wettbewerb der politischen Systeme mit aller Härte eingesetzt hat, und nach dem Gesetz des Wettbewerbs unsere gesellschaftliche Existenz nur durch Mut und Kraft zum Fortschritt gewonnen werden kann. Noch sind wir hier von einer Vorbildfunktion weit entfernt. Doch wir können uns ermutigende Beispiele aus dem Ausland zunutze machen, wenn wir die Varianten demokratischer Ordnung global in ihrer Funktionsfähigkeit vergleichen und bewerten.

Die angelsächsische Bürgergesellschaft, die mir als junger Mann so viele Anregungen vermittelt hat, kann uns bis heute mit ihrer in der Mentalitätsgeschichte der Einwanderer gründenden Maxime helfen: »So wenig Staat wie möglich und mehr Verantwortung für die Bürger.« Um dieses Leitbild in die Tat umzusetzen, bedarf es aber auch eines weiteren Prinzips, das aus den Erfahrungen der Unternehmenskultur heraus die Verantwortlichkeit des Einzelnen stärkt und sein Engagement entscheidend motiviert: die Delegation der Verantwortung. Die hierarchischen Entscheidungsstrukturen eines obrigkeitstreuen Staatsverständnisses können die Bürger nicht erreichen. Eine erfolgreiche Demokratie aber muss die effiziente Fortschreibung ihres strategischen Planens und Handelns im Dialog mit ihren Bürgern entwickeln. Nur so kann unsere Demokratie lernen, den Forderungen der Menschen nach Fortschritt gerecht zu werden. Die Erfahrungen der letzten Jahrzehnte haben gezeigt, dass die Demokratie wettbewerbsfähig werden kann. Doch wie in der Wirtschaft auch, müssen die Reformen bei der Führung selbst beginnen. Die Träger der dringend benötigten Reformen in Staat, Verwaltung und Politik sollten vermehrt wieder die Bürger selbst werden. Es geht um *ihren* Staat, die Zukunft liegt in *ihrer* Verantwortung! Wer die Kräfte des Wettbewerbs kennt, sollte verstehen, dass es in unserer Hand liegt, ob wir zu den Gewinnern oder Verlierern einer globalen Weltordnung gehören werden.

Aus meinen jahrzehntelangen Erfahrungen als Unternehmer sei angemerkt, dass auch im Bereich der Wirtschaft der Wettbewerb über Erfolg und Fortschritt unserer Gesellschaft entscheidet. Die durch den freien Wettbewerb ausgelösten Impulse zur Produktverbesserung haben zu einer nie für möglich gehaltenen Verbesserung der Lebensumstände in vielen Ländern dieser Erde geführt. Fortschritt kann durch Wettbewerb erzwungen werden.

Im Gegensatz dazu sind solche Antriebskräfte im Bereich des demokratischen Systems nur unzureichend ausgebildet. Noch immer entscheidet unser Staat hoheitlich und nach politischem Ermessen über die Richtigkeit des Handelns. Das Kriterium der Effizienz wird gefährlich vernachlässigt. Das wiederum wirft die Frage auf, ob die Ziele und Methoden staatlichen Handelns im Zeitalter des globalen Wettbewerbs noch angemessen sind. Nach wie vor liegt die Zuständigkeit für politische Einflussnahme überwiegend in der Entscheidungskompetenz der Nationalstaaten, obwohl die politische Führung dieser Staaten zunehmend durch externe Gruppen oder globale Kapitalmärkte in Bedrängnis gebracht wird.

Die jüngste Bankenkrise oder die ausufernde Entwicklung der Rohstoffpreise haben die Hilflosigkeit der nationalen Regierungen angesichts globaler Risiken einmal mehr deutlich gemacht. Nationale »Verteilungspolitik« wird angesichts eines global vernetzten Weltmarkts unrealistisch. Hier sind neue Wege gefragt! Ähnlich wie im Bereich der militärischen Sicherheitsbemühungen sollten auch hier in internationalen Gesprächsforen Experten in leistungsorientierter Führungstechnik im Austausch mit fortschrittlichen Politikern neue Strategien entwickeln, die den globalen Anforderungen nach internationaler politischer Wirksamkeit entsprechen.

## Erfahrungen mit der Unternehmenskultur

Meine Erfahrungen mit der Bertelsmann-Unternehmenskultur haben mir gezeigt, dass eine alleinige Ausrichtung auf das Kapital als dem entscheidenden Erfolgsfaktor wirtschaftlichen Handelns nicht zielführend ist. Man darf bei der Leistungsfähigkeit eines Unternehmens nicht nur die ausgewiesenen Ergebniszahlen berücksichtigen. Motivation und Identifikation von Führung und Unternehmen sind ebenso bedeutsame Werte, die die erfolgreiche Weiterentwicklung und die Kontinuitätssicherung einer Firma entscheidend beeinflussen können.

Über Jahrzehnte hinweg fand ich als Unternehmer immer wieder folgende Grundregeln bestätigt:

1. Die auf Motivation basierende Unternehmenskultur ist dem früheren hierarchischen Führungsstil in vielerlei Hinsicht überlegen.
2. Ein auf Gerechtigkeit und Menschlichkeit ausgerichtetes Führungsverhalten kann den Klassengegensatz reduzieren und Motivation bewirken.
3. Bei entsprechender Gestaltung der Arbeitsverträge lassen sich wesentliche Verbesserungen erzielen:
   - Mehr Freiheit für die Delegation der Verantwortung
   - Erhöhung der Identifikation aller Mitarbeiter durch Gewinnbeteiligung am Unternehmen
   - Wesentliche Motivationsverstärkung durch eine betriebliche Krankenversicherung
   - Weiterentwicklung der Kooperation mit dem Betriebsrat, die sich nicht nur auf das Unterbinden von Missständen beschränken sollte

- Deutliche Erhöhung des Betriebsergebnisses und der Innovationsbereitschaft durch Identifikation der Mitarbeiter
- Erleichterung der Kapitalbeschaffung für das so verfasste Unternehmen

So wie die Interessen von Arbeit und Kapital mit den Bausteinen der Unternehmenskultur im Rahmen partnerschaftlicher Unternehmensziele zu verbinden sind, kann auch die Forderung der Politik nach mehr Menschlichkeit und Gerechtigkeit in der Welt der Wirtschaft zum Erfolg führen, wenn die dafür eingesetzten Führungstechniken eben jene Kriterien der Unternehmenskultur zur Anwendung bringen, die die Ablösung des strikten Kapitalismus durch die effizientere Form eines kreativen und flexiblen partnerschaftlichen Ordnungssystems möglich machen. Wenn Staat und Gesellschaft erreichen, dass sich die Bürger mit den Bedingungen und Möglichkeiten ihres demokratischen Handelns identifizieren, wäre das ein riesiger Vorteil. Denn unser Markt ist inzwischen der Weltmarkt!

Seit über fünfzig Jahren werden in unserer Demokratie die Belange der Mitarbeiter und der Unternehmen durch die Tarifpartner geordnet. Dabei sehen sich die Unternehmer durch die Arbeitgeberverbände und die Arbeiter und Angestellten durch die Gewerkschaften vertreten. Die Verhandlungen haben sich in Form und Tonlage aus dem politischen Parteienstreit entwickelt und werden in nicht wenigen Fällen bis heute in Form dieser »Streitkultur« sehr hart geführt. »Aussperrung« und »Streik« gehören zu den populären Instrumenten solcher Entscheidungsprozesse, die anders als bei politischen Auseinandersetzungen nicht nur der Wahrheitsfindung und parteipolitischen Positionierung dienen, sondern sofort zu finanziellen Konsequenzen und langwierigen Verstimmungen zwischen den Tarifpartnern führen können.

Die Härte der Argumentation zwischen den streitenden Parteien bringt es mit sich, dass dem Gegner mitunter bösartige Ziele unterstellt werden, welche auch beim Erreichen eines Vergleichs demotivierend nachwirken und das Betriebsklima auf lange Zeit verhängnisvoll belasten können. In einer hart geführten »Streitkultur« verliert auch der Unternehmer selbst seine Vorbildfunktion, die führungstechnischen Folgen menschlicher Unkorrektheiten wirken lange nach und erschweren die in einem globalen Wettbewerb unumgänglichen Reformprozesse.

Darüber hinaus erweisen sich aber auch die Schäden für die Volkswirtschaft als außerordentlich groß und sind im historischen Überblick bis heute kaum ausreichend bewertet und problematisiert worden. In einer Zeit des globalen Wettbewerbs verschärft sich dieser Aspekt. Der volkswirtschaftliche Nachteil der »Streitkultur« schädigt unser Wirtschaftswachstum so nachhaltig, dass eine solche Form der Konfliktlösung kaum als zukunftsträchtige Ordnung für eine effiziente Wirtschaftspolitik und Unternehmensführung betrachtet werden darf. Angesichts globalisierter Märkte müssen wir eine Lösung anstreben, die zu weniger Reibungsverlusten führt und die innerhalb der demokratischen Ordnungen partnerschaftliche Modelle eines friedlichen Interessenausgleichs hervorbringt. Wenn aufgeschlossene Unternehmer die für ihre eigene Arbeit notwendige Motivation und Identifikation mit ihrem Unternehmen auch für die Arbeitsbedingungen ihrer

Führungskräfte und Mitarbeiter nutzbar machen, entwickelt sich daraus letztlich eine systemverändernde Konsequenz.

Transparenz und Partnerschaft setzen ungeahnte Energien frei, weil gemeinsame Ziele schärfer herausgearbeitet werden und unnötige Barrieren im Rahmen eines vertrauensvollen Miteinanders früher erkannt und schneller beseitigt werden können.

Eine in der Unternehmenskultur erprobte partnerschaftliche Kooperation, die anstelle der sonst üblichen Verteilungskämpfe zwischen Arbeitgebern und Gewerkschaften einen gemeinsamen Weg für die Verteilung des Überschusses anstrebt und aus übereinstimmender Zielsetzung heraus soziale Sonderleistungen entwickelt, kann sich auch für die politischen Herausforderungen eines globalen Miteinanders als zukunftsfähige Organisationsform empfehlen. Ich habe in den Jahren des unternehmerischen Aufbaus von Bertelsmann immer wieder feststellen können, dass die von uns entwickelte Unternehmenskultur deshalb so erfolgreich ist, weil bei diesem Ordnungssystem alle Kontrahenten Vorteile erzielen:

1. Das Kapital erzielt eine höhere Rendite durch Motivation und Engagement der Beteiligten.
2. Die Kapitalgeber und die Führung haben durch die höhere Kooperationsbereitschaft der Beteiligten größere Möglichkeiten und Erfolge. Der Freiraum guter Führungskräfte kann durch starke Delegation der Verantwortung vergrößert werden.
3. Führungskräfte haben großen Einfluss auf den Erfolg. Sie müssen aber auch in ihrer Leistung und ihrem Verhalten den Menschen ein Vorbild sein. Führungskräfte

sollten aus der Historie wissen, dass jede Kultur einer geistigen Orientierung bedarf. Ethik ist für jede wirkungsvolle Gemeinschaft unverzichtbar. Das gilt in der Wirtschaft auch für den Unternehmenserfolg.

Wer die Weiterentwicklung unseres demokratischen Verständnisses als dringliche Aufgabe begreift, sollte auf die Mitwirkung motivierter und engagierter Bürger nicht verzichten. Nur wer die sozialen Bedürfnisse und persönlichen Interessen der Menschen mit der demokratischen Zielsetzung zu verbinden weiß, wird die Aufgaben der Zukunft bewältigen können. In der Welt der Arbeit hat man den Mitarbeitern – ähnlich wie in der Zielsetzung des Staates gegenüber den Bürgern – lange Zeit wenig Gestaltungsraum gelassen. Wenn die Politik aus den Erfahrungen der Unternehmenskultur lernen will, darf sie sich folgenden Einsichten nicht verschließen:

4. Die Führungsqualität der politischen Auseinandersetzung sollte sich weniger über Streit als über internationale Kooperationen definieren. Die politische Führung sollte dafür eintreten, dass die Kultur des partnerschaftlichen Miteinanders das überholte System der »Streitkultur« ablöst.
5. Das Betriebsverfassungsgesetz ist in Zielen und Umsetzung den globalen Wirtschaftsbedingungen anzupassen: Die Instrumente der Kooperation mit dem Betriebsrat sind hinsichtlich Information, Beratung und Dialog zu verstärken. Die vordringliche Aufgabe der Betriebsräte sollte nicht mehr auf »Streitkultur« ausgerichtet sein, sondern den Aufbau einer gerechten, menschlichen und erfolgreichen Unternehmenskultur

vorantreiben. Dazu gehört auch eine Gewinnbeteiligung!

Ob in einem Unternehmen oder im Alltag eines modernen Staates: Oft wissen die Menschen aus ihrer täglichen Erfahrung selbst am genauesten, was sich verbessern ließe. Vorschläge an die Unternehmensführung oder die kommunale Verwaltung unterbleiben jedoch aus Gründen der Gleichgültigkeit. Erhalten die Mitarbeiter aber eine Gewinnbeteiligung oder können sie sich auf anderem Weg mit den Zielen ihrer Gemeinschaft identifizieren, empfinden sie ihr Engagement als selbstverständlich, denn die Auswirkung ihres Tuns betrifft sie dann persönlich.

Was sich in der Kultur eines weltweit agierenden Unternehmens bewährt hat, darf bei der Weiterentwicklung der demokratischen Kultur im Zeitalter der Globalisierung nicht missachtet werden: Wir brauchen den motivierten Bürger, der sich mit den Zielen seiner Gemeinschaft identifiziert und mit persönlichem Engagement für sie einzutreten bereit ist!

## Die Bedeutung der Demokratie für eine Kooperation der Kulturen

All die Waren, Bildungs- und Konsumgüter, die die Menschen sich heute wünschen und brauchen, sind auf der Welt sehr ungleich verteilt. Manches davon ist existenziell, Nahrungs- und Arzneimittel etwa, anderes gehört in den Bereich eines zwar wünschenswerten, aber nicht lebensnotwendigen Konsums. Die Wert- und Einschätzung dieser Dinge ist aber nicht selten kulturbedingt und zeigt bei aller Dominanz einer westlichen Industriekultur doch enorme Unterschiede in ihrer Bedeutung für die jeweiligen Regionen unserer Erde.

Doch wie immer die Gewichtung in ihrer kulturellen Prägung auch variieren mag, länder- und nationenübergreifend eint die Menschen ihr Wille nach einer Verbesserung ihrer Lebensumstände und einem Leben in Würde und Freiheit.

Die persönliche Freiheit des Einzelnen wird aber nicht nur von den politischen Systemen bestimmt, sie ist auch in hohem Maße beeinflusst von den wirtschaftlichen Möglichkeiten seiner beruflichen Tätigkeit. Menschen streben deshalb die Bedingungen, welche sie als Voraussetzung für ein glückliches Leben verstehen, mit allen verfügbaren Kräften an. Auf der ganzen Welt wird das Erreichen persönlicher Ziele häufig mit Wohlstand gleichgesetzt, Reichtum allzu oft mit Glück verwechselt. Doch im Bereich des wirtschaftlichen Handelns ist es unmöglich, von allen Menschen gleiche Leistungen zu verlangen, wohl aber kann das gleiche Bemühen um einen ihren Fähigkeiten entsprechenden Beitrag erwartet werden. Diese Grundhaltung ist für alle menschlichen Gemeinschaften von Bedeutung, und sie fordert die Regierenden heraus, dieses Bemühen nach den Möglichkeiten der heutigen Zeit zu ordnen. So unterschiedlich, wie die Bedingungen in der Wirtschaft aus internationaler Sicht auch sein mögen, so unabdingbar ist doch die Forderung nach einem länderübergreifenden wirtschaftlichen Ethos, in dem der Grundgedanke der Menschlichkeit mit der Leistungserwartung der Gesellschaft in Einklang gebracht wird.

Ein Kapitalismus, der die Bedürfnisse der Menschen mit Füßen tritt, ist menschenverachtend und wird auf lange Sicht soziale Aufstände und politische Konflikte auslösen, die ein friedliches Miteinander unmöglich machen. Wer als Unternehmer mit der Arbeit der Menschen Geld verdient, steht gegenüber seinen Mitarbeitern in der Verantwortung. Gerade in unserer Zeit des globalen Wettbewerbs können von verantwortungsbewussten Unternehmern wegweisende Impulse ausgehen, weil die Bedürfnisse der Menschen nach Freiheit, Frieden und Wohlstand über nationale, kulturelle und politische Unterschiede hinweg so ähnlich sind. Ein Ausgleich der Interessen ist aber immer dann am ehesten zu erreichen, wenn sich Menschen auf vergleichbare Ziele verständigen können.

Wir stehen an einem Scheideweg, an dem sich zeigen wird, ob die Verteilungskämpfe auf dieser Erde für die nächsten Generationen in einen »Kampf der Kulturen«[48] münden und in brutalen Kriegen und Aufständen international verheerende Folgen zeitigen werden, oder ob mit den Erfahrungen unserer demokratischen Systeme gemeinsame Weichenstellungen machbar und gemeinsame politische Willensbildungen denkbar sind, die eine friedvolle Kooperation unterschiedlichster Kulturen ermöglichen.

Doch welche Voraussetzungen sind dafür nötig? Was müssen wir lernen, damit uns über ethnische und territoriale Grenzen hinweg ein Dialog gelingt?

Die Völker dieser Welt sind dabei, zu begreifen, dass militärische Möglichkeiten dank ihrer existenzbedrohenden Wirkung keine Alternative zu weiterführenden politischen Bemühungen sind. Im globalen Umfeld versuchen heute Politiker und Wissenschaftler, den Ausgleich der Interessen durch gemeinsame Institutionen und nationenübergreifende Ziele friedlich zu gestalten. Der Status dieser Bemühungen jedoch ist unzureichend – unsere Zukunft sieht bedrohlich aus! Noch immer behindern expansive nationale Bestrebungen und mangelndes Vertrauen die internationalen Gestaltungsmöglichkeiten. Noch immer zeigen sich die Verantwortlichen in dieser Welt zu sehr überkommenen Zielen und Maßstäben verhaftet, um vorwärtsgerichtete globale Lösungen in Betracht zu ziehen. Noch immer glauben die Regierenden, dass der Stärkste gewinnt!

Solange aber Macht und Größe allein erfolgsentscheidend sind, wird das Ziel einer friedvollen Kooperation der Völker und Kulturen in weiter Ferne bleiben.

Wie viele Kriege benötigt die Menschheit noch, um zu begreifen, dass die politische Gliederung nach Kulturen und Nationen keinen dauerhaften Bestand mehr haben kann? Die Menschen erleben heute, dass sich ihre Interessen in staatlichen Einheiten und durch deren Kampf um wirtschaftliche und politische Macht nicht mehr sichern lassen. Unsere Zeit verlangt in vielen Bereichen eine Bündelung der Kräfte, um dem globalen Kampf ums Überleben gewachsen zu sein.

Wenn wir aber für die globale Entwicklung Frieden und Menschlichkeit sichern wollen, müssen wir eine international wirksame gemeinsame Ordnung von ethischen Zielen und menschlichen Verhaltensweisen entwickeln, die das Recht des Einzelnen auf Würde und Selbstbestimmung in Konsens zu den Zielen der Gemeinschaft bringt und die dafür notwendige politische Willensbildung als Prozess beständiger Fortschreibung begreift. Panta rhei –

alles fließt, und kein Mensch und keine Macht dieser Erde werden das Gesetz des unablässigen Wandels dauerhaft aufheben können! Gerade totalitäre Systeme und hierarchische politische Ordnungen aber neigen zu Überheblichkeit und erliegen allzu oft dem kurzsichtigen Irrglauben, ihre eigene Ordnung auf andere Länder übertragen zu können. Doch der schnelle Informationsfluss unseres globalen Zeitalters, der Vergleich von Lebensformen und Bildungsmöglichkeiten, der sich dank des Internets nahezu allen Ländern erschließt, lassen Willkür und Machtmissbrauch durchschaubar werden. Es besteht daher die berechtigte Hoffnung, dass alle politischen Konstruktionen, die nur von einseitigen Interessen getragen werden, in einer sich zunehmend global verstehenden Menschheit zum Scheitern verurteilt sind.

Wenn die Menschen überleben wollen, sollten sie die Einsicht und den Mut zeigen, jene politische Ordnung durchzusetzen, die dem Bedürfnis nach Menschlichkeit und Freiheit am ehesten gerecht werden kann: Das politische System der Demokratie ist die einzige Form, in der die Menschen mit ihrem Votum ihre Zukunft gestalten können. Fehlerhaft, entwicklungsbedürftig und unvollständig wie alles, was Menschen erschaffen haben, gibt es zu dieser politischen Ordnung doch keine Alternative. Und es liegt an den Bürgern der westlichen Demokratien, ob sie diese Chancen ihres gesellschaftspolitischen Alltags kritisch hinterfragen, konstruktiv weiterentwickeln und verantwortlich vertreten können, wenn sie die Menschen in anderen Kulturen und politischen Ordnungen von der wegweisenden Kraft des demokratischen Gedankens überzeugen wollen. Überzeugen aber bedeutet keine einseitige

Rechthaberei! Überzeugen heißt, Modelle für ein menschenwürdiges, friedliches und wirtschaftlich erfolgreiches Miteinander vorzuleben und in einem fair und glaubwürdig geführten Dialog einen partnerschaftlichen Konsens anzustreben, der den Vertretern unterschiedlichster Kulturen die Chance gibt, ihre Erfahrungen zum Prozess einer politischen Willensbildung beizusteuern.

Ohne Zweifel gehört es zu den schwierigsten politischen Aufgaben, gesellschaftliche Ordnungssysteme weiterzuentwickeln – ein hierarchisches Politikverständnis ist dazu nicht in der Lage. Wir stehen hier am Anfang eines Lernprozesses, in dem sich Chancen und Gefahren noch die Waage halten. Doch alle berechtigten Ängste dürfen uns nicht dazu verleiten, auf Lösungen zu setzen, die dem Wesen des Menschen nicht entsprechen. Wenn Menschen aufeinandertreffen, sind Interessenkonflikte unvermeidlich. Doch es liegt an uns, ob sich Konflikte zu Kämpfen auswachsen, ob Brücken gebaut werden oder unüberwindbare Gräben den Weg zu Vertretern anderer Kulturen versperren.

Wie aber können die Menschen einen Ausgleich zwischen kontroversen politischen Systemen und unterschiedlichen kulturellen Zielsetzungen bewirken? Der einzige Weg dorthin führt über die offene Begegnung: Persönliches »Kennenlernen« und »miteinander Sprechen« ist der Schlüssel des interkulturellen Dialogs, und die Verantwortung dafür liegt in der Hand jedes einzelnen Menschen. Die Bürger in den demokratischen Ländern sollten jedenfalls wissen, dass ihre Stimme zählt! Jeder ist aufgefordert, nach bestem Wissen und Gewissen denkbare Alternativen zu entwickeln, die geeignet sind, Egoismen und Machtstreben zu relativieren und in gemeinsamem Bemühen zu bündeln. Wir benötigen den analytischen Vergleich demokratischer Fortschreibung und die transparente Vermittlung möglicher Lösungsansätze für die vielfältigen Herausforderungen und offenen Fragen, die jeden Fortschritt gesellschaftlicher Ordnungssysteme notwendig begleiten. Ohne das stete Bemühen um die Fortschreibung demokratischer Systeme in der Kooperation unterschiedlichster Kulturen können wir das globale Ringen um Gerechtigkeit, Freiheit und Menschlichkeit nicht bestehen. Die geistige Orientierung ist dabei eine unverzichtbare Hilfe!

## Ohne geistige Orientierung kein Fortschritt

Zu allen Zeiten ist ein gelungener Dialog zwischen Menschen unterschiedlichster Herkunft als eine besondere Kunst gewürdigt worden, denn die Schwierigkeiten, sich zu verständigen, scheinen mitunter unüberwindbar. Im philosophischen Verständnis von Sokrates und Platon bedeutet der Dialog das Bemühen, eine verborgene Wahrheit ans Licht zu bringen.[49] Doch um welche Wahrheit ringen wir heute im aufgeklärten Zeitalter? Welche sozialen, humanen und freiheitlichen Werte können wir heute noch als verbindlich anerkennen? Und welche Rolle spielen die Religionen dabei? Welchen Beitrag kann ein Dialog der Weltreligionen für die Friedenssicherung in einer zunehmend globalisierten Welt leisten?

Neueste Studien belegen, dass bei aller Verschiedenheit der seit Jahrhunderten gewachsenen Weltreligionen doch zahlreiche vergleichbare Strukturen und Inhalte existieren, die Hinweise für eine friedliche Zukunft bereithalten können. Kulturübergreifend lässt sich eine Idee von Religiosität nachweisen. Sie offenbart sich vor allem in Appellen an eine integere Lebensführung, die nicht nur dem persönlichen Glücksverlangen, sondern auch den Zielen einer Gemeinschaft verpflichtet ist. In diesen Studien verweisen die meisten Gesprächspartner auf Begriffe wie Aufrichtigkeit, Wahrhaftigkeit, Verantwortung und Toleranz, wenn sie Beispiele für eine gelungene Religiosität benennen sollen.[50] Meiner Erfahrung nach sind es genau diese Grundpfeiler geistiger Orientierung, die auch in weitgehend säkularisierten Gesellschaften letztlich über die Bindung des Einzelnen an seine soziale Gemeinschaft entscheiden und damit den Grad der Identifikation und Motivation definieren, mit der der Einzelne für die Ziele dieser Gemeinschaft einzutreten bereit ist. Die Idee der Menschlichkeit verkörpert sich in dem Respekt, mit dem wir dem Fremden, dem Anderen begegnen. In diesem Respekt liegt die Wurzel eines interkulturellen und interreligiösen Dialogs, ohne die es in unserer globalisierten Welt kein friedliches Miteinander geben kann.

Denn mit unterschiedlichen religiösen Überzeugungen gehen auch verschiedenartige Lebensweisen einher. Dabei ist es nicht nur von Bedeutung, ob Menschen andere Glaubensbekenntnisse tolerieren, sondern auch, ob sie die damit verbundene Lebensführung akzeptieren. In einer Zeit großer Migrationsbewegungen wird die Frage relevant, ob ausländische Mitbürger sich dem Gastgeberland anzupassen haben oder ob sie ihre Lebensweise davon unbeeinflusst fortführen sollten.

Aber auch der Austausch politischer und wirtschaftlicher Interessen zwischen Menschen unterschiedlicher Glaubensbezüge und über nationale Grenzen hinweg enthält unübersehbare Herausforderungen. Auf der ganzen Welt verfolgen religiöse Gemeinschaften eine Reihe von Interessen, die essenziell für den Bestand dieser Gemeinschaften sind. Eine der entscheidenden Fragen zielt auf die Weitergabe religiöser Einstellungen und Lebensformen an die jeweils nachwachsende Generation. Die Bindung an die religiös konstituierten Werte einer geistigen Orientierung zeigt signifikante Unterschiede zwischen Europa, Asien, Afrika und Amerika, und nicht immer greifen hier die gängigen Differenzierungen zwischen östlichen und westlichen Lebensweisen und muslimischen, buddhistischen oder jüdisch-christlichen Glaubensformen. Denn während in Europa und vor allem in Deutschland die Bedeutung des christlichen Glaubens innerhalb weniger Generationen seine Selbstverständlichkeit verloren hat, liefert vor allem die enorme Bedeutung der Religiosität in den USA das schlagende Argument dafür, dass Modernisierungsbestrebungen und Säkularisierungsprozesse keineswegs gleichgesetzt werden können.[51]

Doch für alle Länder gilt, dass die Entwicklung religiöser Haltungen immer auch ein Resultat langfristiger gesellschaftlicher Prozesse ist.

Die zerstörerische Wirkung von zwei Weltkriegen und zwei großen Diktaturen im Herzen Europas hat hier Spuren hinterlassen, deren gesellschaftspolitische Folgen uns noch lange beschäftigen werden. Demgegenüber gilt der Islam weithin als die Religion, deren Anhänger sich den Trends zur Säkularisierung und Individualisierung religiöser Vorstellungen und Praktiken entziehen und im Zuge einer beschleunigten Globalisierung eine forcierte Identitäts- und Authentizitätspolitik betreiben. Doch wie alle anderen großen Weltreligionen auch, zeigt der Islam eine pluralistische Vielfalt religiöser Vorstellungen und Praktiken. Angesichts seiner Auffächerung in zahlreiche unterschiedliche religiöse Gruppen, für die westliche Welt besonders augenfällig am Konflikt zwischen Sunniten und Schiiten, gewinnen die Fragen der religiösen Autorität und der Bezug auf die heilige Schrift und ihre Rechtsnormen eine besondere Brisanz und begründen eine Vielzahl politischer und religiöser Auseinandersetzungen.

Über religiöse Zuordnungen, nationale Grenzen und kulturelle Unterschiede hinweg erreichen global relevante Nachrichten heute in kürzester Zeit die Menschen in aller Welt. Stärker als je zuvor sind diese dadurch in der Lage, ihre eigene Situation mit den persönlichen und sozialen Verhältnissen in anderen Kulturkreisen und Ländern zu vergleichen und daraus ihre Forderungen nach einer Verbesserung ihrer Lebensumstände abzuleiten. Die Welt ist für die Menschen überschaubar geworden, und genau das fordert nicht wenige Herrschende heraus, ihre Interessen durch brachiale Formen des Machtausbaus und des territorialen Zugewinns zu sichern. Die Gefahr für einzelne Staaten, in global um sich greifende und dadurch besonders gefährliche Auseinandersetzungen hineingezogen zu werden, ist immens! Rein national oder kulturell ausgerichtete politische Systeme sind für solche Auseinandersetzungen nicht gerüstet. Was früher undenkbar schien, sollte heute dringend erwogen werden: Die Menschheit muss zu ihrem Erhalt eine Ordnungskraft ausbilden, die globale Fehlentwicklungen verhindern kann!

In dieser Frage liegen Chance und Gefahr dicht beieinander. Die politischen Unwägbarkeiten sind enorm. Umso wichtiger scheint mir die Suche nach gleichwertigen Alternativen. Gibt es vielleicht eine geistige Orientierung, welche die unterschiedlichen Zielvorstellungen zu harmonisieren in der Lage wäre? Die Zeit könnte nicht mehr fern sein, in der die bedrohlichen internationalen Entwicklungen die Politik zum Handeln zwingen. Wie werden die Demokratien darauf reagieren? Werden sie glaubwürdige Alternativen eines internationalen Miteinanders herausbilden können? Welche Rolle spielt dabei die unverzichtbare Kraft einer starken geistigen Orientierung? Auf welche kulturübergreifenden Wertvorstellungen könnte sich ein internationaler Austausch berufen, der in interkulturellen und interreligiösen Dialogen um eine Annäherung in der Frage einer global gültigen geistigen Orientierung ringt?

Nicht wenige werden solche Überlegungen als utopisch abtun, doch nicht zufällig haben sich in jüngster Zeit unter Papst Benedikt XVI. die interreligiösen Dialoge merklich belebt. Vor allem der Austausch zwischen Christen und Muslimen hat an Kraft und Verbindlichkeit gewonnen.[52] Im Mittelpunkt dieser Debatten steht das Verhältnis von Glaube und Vernunft, Religion und Gewalt, und niemand sollte eine Annäherung der Religionsvertreter in diesen grundlegenden menschlichen Fragen gering achten. Jede Begegnung und jede gemeinsam unterzeichnete Erklärung sind Meilensteine auf dem langen Weg zu einem globalen Miteinander.

Wer über dem oft jahrzehntelangen mühsamen Ringen um Dialogfähigkeit zu verzweifeln droht, sei auf die Schlussakte von Helsinki 1975 verwiesen: Damals unterzeichneten die kommunistischen Staatsoberhäupter und Parteichefs auch ein Kapitel über die Religionsfreiheit. Dieses erste gemeinsame schriftliche Bekenntnis zur persönlichen Freiheit des Individuums hat für Ost- und Mitteleuropa mehr in Gang gesetzt, als wir damals hätten vermuten können. Die historisch bewiesene Kraft geistiger Orientierung sollte uns in unserem Bemühen um Alternativen Mut und Hoffnung geben! Gerade die Verbindung von Demokratie und geistiger Orientierung könnte eine Ordnungskraft entwickeln, welche den Gefahren autoritärer Systeme gewachsen ist. Die Dringlichkeit einer solchen Initiative dürfte im Zeitalter atomarer Bedrohung unbestreitbar sein.

## In Unternehmenskultur und Demokratie liegen die Hoffnungen für die Zukunft

Auf dem Weg zum Erfolg hat es natürlich auch im Hause Bertelsmann nicht an Irrtümern und Lernprozessen gefehlt. Doch schon der römische Denker Marc Aurel war sich der Tatsache bewusst, dass nur derjenige Ziele anstreben kann, der auch den Mut zum Handeln besitzt. Sein Credo lautet daher: »Oft tut auch Unrecht, wer nichts tut, und nicht nur, wer etwas tut!«[53] Wachstum findet immer in der Gefahrenzone statt, Veränderungen und Wandel sind ohne Risiko nicht zu haben.

Und so frage ich mich heute, ob meine persönliche und unternehmerische Überzeugung von der Kraft wirtschaftlicher und demokratischer Freiheit Bausteine für ein friedliches Miteinander in einer globalisierten Welt bereithalten kann. Die dunkle Seite hierarchischer Führungstechnik mit all ihren grausamen Folgen habe ich in den Jahren des Nationalsozialismus als Schüler, Offizier und Kriegsgefangener in Europa, Afrika und Amerika erlebt. Damals wurde mir deutlich, dass Gewalt und Zwang als Prämissen einer erfolgreichen Ordnung nicht ausreichen, sondern dass Menschlichkeit und ein vorbildliches Verhalten der Führung unverzichtbar sind.

Als ich nach dem Ende des Zweiten Weltkriegs gebeten wurde, die Führungsverantwortung für das Haus Bertelsmann zu übernehmen, war das eine große Chance – und eine riesige Herausforderung. Ich habe diese Entscheidung nie bereut. Die Möglichkeit, über nationale Grenzen hinweg als Unternehmer tätig zu sein und im Dialog mit unterschiedlichen Kulturen ein weltweites Unternehmen aufzubauen, gehört zu den spannendsten Aufgaben, die man sich vorstellen kann.

Aus innerer Überzeugung habe ich schon in den frühen Aufbaujahren meine wichtigste Reformaufgabe begonnen: die Verwirklichung der Grundsätze von Gerechtigkeit und Menschlichkeit in der Unternehmensordnung des Hauses Bertelsmann. Dabei rief mein jahrzehntelanges Ringen um die Weiterentwicklung der Unternehmenskultur manche Skeptiker und Zweifler auf den Plan. Ohne Frage waren die Meinungen anfangs sehr kontrovers. War es wirklich denkbar, dass Kapitalbesitzer auch menschlich, vertrauensbildend und gerecht handeln würden? Nicht wenige Vertreter der öffentlichen Meinung, zahlreiche Politiker, Angehörige der Tarifparteien und Journalisten, reagierten mit Skepsis, und einige zeigen sich bis heute zurückhaltend gegenüber meiner Einschätzung, dass in den entscheidenden Grundsätzen der Unternehmenskultur unser Potenzial für ein globales Miteinander liegen könnte.

Und so frage ich mich im Rückblick auf die Höhen und Tiefen meines langen Weges: Ist meine unbedingte Überzeugung von der Bedeutung der Unternehmenskultur ein Traum, der sich im Zeichen eines global entfesselten Kapitalismus schon bald von allein erledigen wird? Oder kann uns die Betrachtung meines Lebenswerks einen Zusammenhang von menschlicher Freiheit, wirtschaftlicher und demokratischer Entwicklung offenlegen, der die Menschen auch künftig bewegen wird und mit Hoffnung in die Zukunft blicken lässt?

Bis heute gehe ich diesen Fragen nach, bis heute überdenke ich Stationen und Entscheidungen meines unternehmerischen Weges, und bis heute grüßen die Bürger meiner Heimatstadt Gütersloh mitunter lächelnd den unermüdlichen Langstreckenläufer Reinhard Mohn, der seit Jahrzehnten, zu allen Jahreszeiten, bei Wind und Wetter, Regen und Sonnenschein seinen Weg fortsetzt.

Zu einer kritischen Fortschreibung gehört auch die Prüfung kritischer Fragen, und so habe ich meine These vom Zusammenhang zwischen einer ausgeprägten Unternehmenskultur und dem wirtschaftlichen Erfolg eines Unternehmens für die Bertelsmann-Firmen prüfen lassen. In einem wissenschaftlich sorgfältig aufgestellten Analyseprojekt konnten wir dafür signifikante Merkmale herausfiltern und die Wirksamkeit der Unternehmenskultur dezidiert nachweisen.[54]

Die Erkenntnisse der Studie lassen sich wie folgt zusammenfassen:

1. Bertelsmann-Firmen mit einer ausgeprägten Unternehmenskultur zeigen sich tendenziell wirtschaftlich erfolgreicher als Bertelsmann-Firmen, deren Unternehmenskultur noch keinen ausgeprägt partnerschaftlichen Charakter aufweist.
2. Zwischen der Identifikation der Mitarbeiter und dem wirtschaftlichen Erfolg besteht ein nachweisbarer Zusammenhang. Unter den wirtschaftlich erfolgreichen Firmen ist der Anteil von Firmen mit hoher Zufriedenheit bei partnerschaftlicher Führung und Identifikation besonders hoch.
3. Eine hohe Identifikation der Mitarbeiter fördert ein produktiveres Mitarbeiterverhalten und eine höhere Mitarbeitergesundheit. Kündigungen, Krankentage und Krankenquote stehen in einem signifikanten Zusammenhang mit der Mitarbeiteridentifikation.
4. Die partnerschaftliche Führung des Geschäftsführers und des direkten Vorgesetzten sind entscheidend für eine hohe Mitarbeitermotivation. Anhand eines Strukturvergleichsmodells machen die Untersuchungen deutlich, dass die partnerschaftliche Führung einen besonders ausgeprägten Einfluss auf die Identifikation der Mitarbeiter hat. Dieser Zusammenhang hat sich in Mitarbeiterbefragungen über Jahre hinweg als stabil erwiesen und gilt in gleicher Weise auch für andere Kulturkreise.

Diese Befunde unterstützen die Bedeutung, die ich der partnerschaftlichen Führungsphilosophie beimesse, und sie machen den hohen Stellenwert deutlich, den die beharrliche Weiterentwicklung der Unternehmenskultur auch künftig auf allen Ebenen der Bertelsmann-Firmen einnehmen wird.

Das Wissen um die nachweisbar hohe Wirtschaftskraft eines zutiefst demokratischen Verhaltens, das den Menschen in den Mittelpunkt seiner Überlegungen stellt und das Ethos eines partnerschaftlichen Führungsstils zur Maßgabe hat, kann unsere Zukunft verändern! Wenn Menschen unterschiedlicher Kulturkreise aus dem Führungsinstrument eines partnerschaftlichen Miteinanders ihren Impuls zur persönlichen Motivation und Identifikation beziehen, haben wir einen entscheidenden Baustein für den Dialog im globalen Zeitalter benannt, der Menschen unterschiedlichster Herkunft zusammenführen kann und gemeinsam voranschreiten lässt.

In der Zeit globaler Informations- und Handelsströme erwarten die Menschen überall auf der Welt Fortschritte in ihren persönlichen Lebensverhältnissen wie auch in der Weiterentwicklung ihrer Gesellschaftsordnung hin zu mehr Frieden und Gerechtigkeit. Es ist höchste Zeit, dass wir auf nationaler wie auf internationaler Ebene die verengende Perspektive einer »Streitkultur« hinter uns lassen und unseren Blick auf die Chancen eines gemeinsamen Menschenbilds richten. Das Wissen um die Bedeutung geistiger Orientierung ist dabei unerlässlich. Die aktuelle Diskussion um die Grenzen nationalstaatlicher Souveränität angesichts humanitärer Katastrophen, wie sie der asiatische Raum durch Erdbeben und Flutkatastrophen erleben muss, öffnet auch die Augen für die Fragen einer globalen Verantwortung, der sich im Zeitalter der allgegenwärtigen Medienbilder keiner mehr entziehen kann.

Zu allen Zeiten ist um die Menschenrechte hart gerungen worden. Auch der 1948 verfassten Allgemeinen Erklärung der Menschenrechte waren endlose Debatten vorausgegangen. Dass es bis heute in den unterschiedlichen Kulturkreisen verschiedene Auffassungen der Menschenrechte gibt, sollte uns aber nicht daran hindern, den Blick in die Zukunft zu richten. Auf der ganzen Welt sind die Menschen an einer Verbesserung ihrer Lebensumstände interessiert. Wer das Ethos eines globalen Miteinanders ernst nimmt, muss sich zu seiner Verantwortung bekennen und partnerschaftliche Ordnungssysteme anstreben, die Menschlichkeit und Gerechtigkeit in den Mittelpunkt ihrer Bemühungen stellen. Während Machtstreben zu Unrecht und Kampf führt, kann die Verbindung von wirtschaftlicher Leistung und menschlich vorbildlicher Führung auf der ganzen Welt Menschen für sich gewinnen. Gewalt und Überheblichkeit sind dann keine Alternativen mehr.

Im globalen Wettbewerb wird sich zeigen, dass der westlich geprägte Kapitalismus nur dann erfolgreich sein kann, wenn die Grundsätze der Menschlichkeit darin Beachtung finden. Das Haus Bertelsmann hat dafür den Beweis erbracht.

In der lange verkannten Bedeutung menschlicher Motivation und Identifikation liegen die großen, unerschlossenen Kraftreserven unserer Zukunft.

Ich bin voller Zuversicht, dass es uns gelingen kann, dieses Potenzial für ein globales Miteinander zu erschließen. Und ich bin entschlossen, diesen Weg bis zum Ende zu gehen. Nein, mein unbeirrbares Festhalten an Menschlichkeit und Freiheit war kein Traum. Es ist die Erfahrung meines Lebens.

# Hausaufsatz des Schülers Reinhard Mohn 1938

Herbst 37 – 5.1.38

# Hausaufsatz.

## Meine Gedanken bei der Wahl des Berufes.

Es ist noch nicht lange her, als mir einmal jemand sagte, man lebe in Wirklichkeit erst von dem Augenblick ab, da man erkannt habe, welche Aufgaben und Pflichten man zu erfüllen habe, und man anfange zielbewußt auf die Erfüllung dieser Aufgaben hin zu arbeiten. „Wieder einer von den alten Moralpredigten", dachte ich zuerst und hörte auf die weiteren Worte schon gar nicht mehr hin. Im allgemeinen fühlte ich mich nämlich nicht sehr getroffen, wenn man mir meine Aufgaben und Pflichten vorhielt. Zu einem Teil weg das daran liegen, daß man solche gutgemeinten, oder auch nur gelegentlich gebrauchten Ermahnungen jeden Tag mehrmals zu hören bekommt. Andererseits, weil ich glaubte, daß niemand berechtigt sei, mir solche Vorwürfe zu machen; denn ich war davon überzeugt, daß ich meine Pflicht in der Schule und auch sonst tat, und wenn mir jetzt gesagt würde, man müsse ein Ziel haben, so dachte ich, daß bei mir auch in dieser Beziehung alles in Ordnung sei. Bisher hatte ich nämlich meine Aufgabe nur darin gesehen, ordentlich für die Schule zu arbeiten, und als Abschluß und Ziel hatte ich mir vorgenommen, ein möglichst gutes Abitur zu bauen.

Als ich also nun hörte, daß man in Wirklich-
keit recht habe, wenn man auf ein Ziel
hinarbeite und sich bemühe, seine Pflicht
zu tun, glaubte ich, daß ich dann ja
auf dem besten Wege sei, dies zu er-
füllen, denn ich hatte mir ja ein Ziel
gesetzt und hatte mich auch bemüht alles,
was man von mir verlangte, möglichst
gewissenhaft und ordentlich zu tun. So
beunruhigte ich mich nicht darüber und
hatte nach ein paar Stunden die ganze
Geschichte schon wieder vergessen. – Einige
Wochen später hörte ich zufällig, wie eini-
ge meiner Kameraden über ihre Zu-
kunft und ihren Beruf sprachen. Ich dachte
nicht lange darüber nach und meinte,

es sei ja noch soviel Zeit, bis man sich noch einen Beruf aussuchen müsse, daß ich mir jetzt lieber noch keine Kopfschmerzen darüber machen wollte. Doch da mußte ich plötzlich wieder an das frühere Gespräch denken, und mir kam auf einmal der Gedanke, daß die Reifeprüfung gar nicht mein letztes Ziel sein könne, sondern daß dieses viel größer und weiter sein müsse. Denn wenn ich in wenigen Jahren das Abitur machen würde, war ich doch noch nicht am Ende meiner Arbeit, vielmehr sollte sie dann ja erst beginnen. Das Abitur war also in Wirklichkeit für mich gar kein Abschluß sondern Anfang, und das Arbeiten für die Schule nicht Aufgabe, sondern Vorberei-

tung für meine wirkliche, spätere Aufgabe.
Diese neuen Gedanken zerschlugen mir
alles, was früher für mich Richtschnur
gewesen war, und (was, mir den Sinn
meiner Arbeit gezeigt hatte. So wurde
ich gezwungen, mir ein neues Ziel zu
setzen; denn man kann ja nicht gern
und freudig arbeiten, wenn man nicht
einmal weiß, wozu man es tut.
Jetzt standen aber soviel Sorgen und
Zweifel vor mir auf, daß ich nicht wußte,
was wirklich wahr sei, und mir den rechten
Weg zeigen könne. Manchmal habe ich
versucht, alles Neue wieder zu vergessen,
und mich wieder an das zu halten, was
für mich früher als richtig gegolten hatte.

Aber diese Gedanken kamen doch wieder, und mit ihnen kam immer ein unheimliches, beunruhigendes Gefühl. War das Angst, oder war es Freude? Angst vor dem Alleinsein, vor der Ungewißheit über meine Zukunft? Denn ich wußte wohl, daß nun bald meine Eltern nicht mehr für mich sorgen können würden. Für alles, was ich an ihnen hatte, und so selbstverständlich hinnahm, als würde es immer so bleiben, würde ich nun bald selbst sorgen müssen. Oder war es vielleicht die Freude, gerade wegen dieser Verantwortung? Ich würde dann ja nicht mehr auf andere angewiesen sein und könnte tun, was ich wollte, ohne andere um Erlaubnis zu sorgen. Ich würde dann andern nicht mehr zur Last fallen, sondern selbst für meinen Lebensunterhalt sorgen. Alle diese Gedanken drängten sich schließlich in der einen Frage zusammen. In der Frage nach Ziel und Beruf.

Über die verschiedensten Berufe habe ich nachgedacht, aber nie konnte ich mich recht für einen bestimmten entscheiden. Einmal glaubte ich, daß ich auf diesem Gebiet besonders schöne und interessante Aufgaben finden würde, dann meinte ich, jenes sei für mich noch geeigneter. So habe ich lange gesucht, bis ich einsah, daß ich mir vor allen Dingen erst einmal darüber klar werden müsse, nach welchem

Richtlinien ich überhaupt meine Arbeit und Zukunft gestalten wollte. Drei Dinge habe ich da gefunden, die mir besonders wichtig und maßgebend bei der Wahl des Berufes zu sein schienen. Diese drei sind Verantwortung gegenüber dem Volk, Veranlagung und der Wunsch nach innerer Freiheit und innerem Leben. – Auf das erste kam ich, als ich darüber nachdachte, wofür wir alle im Grunde eigentlich arbeiten, und wohin uns diese Arbeit eigentlich führen soll. Gerade heute, in unserer Zeit, können einem diese Gedanken leicht kommen. Mit riesigen Schritten eilt die Technik und Wissenschaft vorwärts. Es wird erfunden, gebaut, ausprobiert und dann einner und immer wieder verbessert. Wozu aber alle diese Arbeit? Wohin soll sie uns bringen? Was wird das Ende dieses Schaffens sein? – Wir werden Menschen trotz allem ihrem Wissen dies nie erfahren. Hier ist wohl die Grenze, wo wir mit unseren Gedanken nicht weiter können, und der suchende Verstand von dem Glauben oder der Religion abgelöst wird. Hierüber weiter nachzudenk und dieses letzte Dunkel klären zu wollen, ist unmöglich. Nie wird uns der Verstand zu einem endgültig richtigen Ziel bringen. Man soll wohl zu diesen Dingen Stellung nehmen, doch darf dies nicht dazu führen, daß man sich vornimmt, gedankenmäßig die Lösung finden zu wollen. Deshalb will ich mich nicht länger mit diesem Gedanken aufhalten, sondern mich lieber an das halten und für das arbeiten, was von mir Rechenschaft über meine Arbeit fordern wird. Denn ich glaube, daß ich mein Leben und meine Kraft nicht bekommen habe, sie willkürlich dort einzusetzen, wo ich gerade will; sondern daß über mir eine Macht steht, die mich richten und mir befehlen kann. Diese ist das Volk, in dem ich geboren bin, und für dessen Leben auch ich die Verantwortung mit tragen muß. Das Volk und die Gemeinschaft gibt dem Einzelnen Gewähr für

Ruhe und Ordnung innerhalb des Staates und somit die Möglichkeit zur Arbeit überhaupt. Als Gegenleistung wird dafür von jedem Pflichterfüllung und Einsatz seiner ganzen Kraft gefordert. Diese Forderung legt uns auch bereits bei der Berufswahl eine Verantwortung auf. Denn wenn wir auf unserem Arbeitsplatz, so wie wir es sollen, unsere ganze Kraft einsetzen wollen, so ist die Vorbedingung dafür ein solcher Beruf, der uns auch wirklich die Möglichkeit zu solcher Arbeit gibt. Daß man sich nicht einen Beruf wählt, zu dem man die geistigen oder körperlichen Kräfte nicht hat, ist wahrscheinlich. Denn sicher wird ein begabter Mensch ebensowenig auf den Gedanken kommen Handwerker zu werden wie jemand, dem das gedankenmäßige Arbeiten schwer fällt, sich einen wissenschaftlichen Beruf wählen wird. Die Gefahr auf diesem Gebiet ist nach meiner Meinung eine andere, nämlich die, daß man sich aus Bequemlichkeit eine Arbeit wählt, deren Aufgaben von einem nicht das fordern, was man unter anderen Verhältnissen leisten können würde. Man wird wahrscheinlich auch an solcher Arbeit oft mehr wie acht Stunden am Tage schaffen und sicher auch so den Tag ausfüllen können. Den letzten Grund zufriedenstellen wird ein solcher Beruf einen aber nicht.

Wenigstens wird er den nicht zufriedenstellen, der sich seiner Pflicht gegenüber seinem Volk bewußt ist und sich bemüht ihr nachzukommen. Diese Bequemlichkeit und feige Flucht vor den Aufgaben, die das Volk stellt, sind nicht nur jetzt, wo ich mich zu einem Beruf entscheiden will, große Gefahren, sondern sie werden es auch weiter in meinem Leben bleiben. Denn immer werden von dem rechten Weg auch solche abzweigen, die mich nicht zu dem Ziel bringen würden, das ich mir gesetzt habe. Dieses heißt nämlich: soviel leisten wie mir irgend in meinen Kräften steht.

Ich habe mir nicht vorgenommen etwas

ganz bestimmtes zu leisten und habe mir auch keine feststehenden Aufgaben gestellt. Ich will nur mitarbeiten und mich bemühen meine Pflicht zu tun in der Gemeinschaft, die mir Ziel und Richtung meiner Arbeit weisen wird.

Als Zweites, das meinen Beruf mit bestimmen soll, habe ich die Veranlagung genannt. Weshalb ich auch diese berück=sichtigen muß, habe ich bald schon im Vorigen geschrieben. Wenn ich trotzdem noch einmal die Veranlagung erwähne, so darum, weil sie auch noch eine andere Bedeutung für meine Wahl hat. Denn ihre Berücksichtigung soll mich vor einem unüberlegten, verfehlten und gefährlichen

Entschluß benehmen. Zu leicht läßt man sich zu den scheinbar fabelhaften Angeboten verleiten; sei es eine sehr angesehene Stellung oder ein Beruf, der die Möglichkeit gibt viel Geld zu verdienen; sich so zu entscheiden, daß es einem später gereu-
en wird. Nicht jeder wird dieses später empfinden. Ich könnte mir sogar das Gegenteil gut vorstellen, nämlich, daß er sehr mit seinem Beruf zufrieden ist. Wenn jedoch die Macht, die nicht nur das Äußere sieht, ihn zur Rechenschaft ziehen wird, wird er erkennen, daß er einem Betrug zum Opfer gefallen ist, und daß er selbst es war, der sich betrog. Denn wenn jemand über irgendetwas

erteilen soll, und er wird von andern Menschen immer wieder in eine bestimmte Richtung gedrängt, und immer wieder wird ihm deren Meinung vor Augen gehalten, so wird er am Ende nicht mehr gerecht richten können. Ebenso ist es bei der Berufswahl. Nur sind es hier nicht fremde Stimmen, die einen beeinflussen wollen, sondern es ist die eigene Stimme, die das Gewissen schnell zum Schweigen bringen kann. Hinter dieser Stimme aber steckt oft die Feigheit oder der Hochmut. Hier auf der Hut zu sein und nur auf mein Gewissen zu hören, daß mir sagt: „Die Veranlagung soll deinen Beruf bestimmen“ ist das Zweite, was ich beachten will.

Als letztes hatte ich meine Freiheit und
meines Leben genannt. – Unsere Klasse, als
der mathematischen Abteilung, wird oft
von der sprachlichen Klasse vorgeworfen,
wir rechneten ja in Formeln und Berech-
nungen, und dächten an nichts anderes, als
an die Mathematik und die vielen anderen
naturwissenschaftlichen Zweige, und wüßten
gar nicht einmal schöner die Sprachen sei-
en. Wir wüßten nichts von dem Wert der
griechischen Dichter, und ahnten ja nicht, was
einem ein gutes Gedicht oder ein anderes
Werk zu geben vermöchte. Jetzt lachen wir
auch über solche Vorwürfe, weil wir die
andern Klassen ja nur zu gut kennen und
genau wissen, daß diese großen „Denker“

uns gerade auf dem Gebiet, auf dem sie uns Unbekanntes vornehmen, selbst nicht eins voraus sind. Heute lachen wir noch darüber. Was wird aber später sein? Denn daß das, was man uns jetzt noch im Spaß und vielleicht unbegründet vorwirft, uns später wirklich gefangen halten und blind machen kann, will ich nicht abstreiten. Ich glaube auch, daß gerade wir, deren Beruf ja später auch wahrscheinlich auf technischem Gebiet liegen wird, besonders leicht dieser Gefahr erliegen können. Jetzt ist nur die Frage, inwieweit man von dem Wunsch, nämlich nicht zu erstarren und zu sterben, sich in der Wahl des Berufes bestimmen lassen darf, und ob man es überhaupt darf. Hierüber könnte man sich wohl vorstellen, daß jemand, der an nichts, als an seiner Arbeit denkt, und sich ihr ganz widmet, mehr leisten wird, wie jemand, der sich auch Zeit nimmt Bücher zu lesen, die [zi)] auch von dem inneren Ringen und Kämpfen der Menschen sprechen, und der sich auch einmal Gedanken über Dinge macht, an die ein anderer nicht denkt, oder nicht denken zu brauchen glaubt. Andererseits ist der Mensch aber auch keine Maschine oder Werkzeug, mit dem sich umgehen und bauen läßt, wie mit totem Stein. Oder wird, das zu sein, das verlangt, wenn Pflichterfüllung verlangt wird? Denn der Staat fordert doch alle Kraft und unseren ganzen Einsatz.

hat er aber auch das Recht, das von uns zu fordern, was uns zum Menschen macht? Ich kann da die genaue Grenze nicht erkennen und weiß jetzt noch nicht, wie ich mich in einem Zweifelsfall, der von mir klare Entscheidung fordern würde, verhalten sollte. Im allgemeinen, glaube ich, wird es aber wohl möglich sein, beides miteinander zu vereinigen, und ich denke die meisten Menschen tun das auch. Denn wer tut restlos seine Pflicht und denkt nicht auch manchmal an sich. Wer kann denn sagen: „Ich habe in meinem Leben nur meine Pflicht gekannt!"? Im Grunde ist ein Mensch ja doch immer beides, nur daß jener sein Leben mehr von der Pflicht, und der andern von seiner Religion und dem Verlangen nach meinem Leben bestimmen läßt. Es soll mich bei meiner Berufsentscheidung das Denken hieran bewahren, eine solche Arbeit zu wählen, die sicher zu einem toten verfehlten Leben führen würde. Denn ich will lieber alle die Zweifel und Sorgen, die sich einem im andern Falle aufdrängen werden, auf mich nehmen und um ihre Lösung ringen, als lebend, doch nur ein totes Werkzeug sein.

Dieses sind die drei Gedanken, die mein Leben bestimmen sollen. Es mag sein, daß vieles daran auszusetzen ist, und vieles recht überlegte Entscheidung war. Auch wird man vielleicht nicht einsehen, weshalb ich gerade diese Punkte herausgegriffen habe. Denn sicher werden andere Menschen auch mit anderen Zweifeln zu ringen haben und sich andere Richtlinien nach anderen Gesichtspunkten ziehen. Ich will ja auch nicht sagen, daß meine Anschauung allgemein gültig wäre. Ich glaube sogar selbst, daß ich in wenigen Jahren schon über vieles anders denken werde, und daß mir auch noch Fragen über Dinge kommen werden, die mir jetzt noch ganz klar und eindeutig erscheinen. Denn ich habe mir vorgenommen, immer bereit zu sein zu lernen und Besseres anzuerkennen, und wenn ich auch alles, was ich bisher geglaubt habe, aufgeben und als falsch einsehen müßte. Deshalb soll das, was ich geschrieben habe, nicht als meine feststehende Anschauung angesehen werden, sondern einfach nur wie ein Bild, das meine Zukunft, wie ich sie jetzt sehe, zeigen soll. Es soll nur ein Ausschnitt oder ein kleines Stück von dem Weg wiedergeben, auf dem ich mich bemühe vorwärts zu kommen, dessen Ende ich aber noch nicht weiß.

Die Gedanken, die Sie sich über die Wahl Ihres Berufs machen, zeugen davon, daß Sie der für Sie im Augenblick wichtigsten Frage mit Verantwortungsbewußtsein und dem Ernst nahetreten, den diese – meist einmalige – Entscheidung im Leben wirklich verdient. In klarer Gedankenführung haben Sie auf alles We-

freundlich hingewiesen, daß Ihr Entscheidung zu
beeinflussen vermöchte. Ich zweifle niemals
daran, daß Sie später Ihre Aufgaben genau so
ernst nehmen wie im Augenblick die Entschei-
dung zum Aufgabengebiet, und dieses Bewußt-
sein ist für einen Lehrer mit das Erfreulichste,
das ihm ~~bei~~ in der Auseinandersetzung mit
seinen Schülern begegnen kann. Und noch eine
besonders erfreuliche Feststellung: Sie besitzen
nicht nur die Art, der Sie zugehören.

Sehr gut.

Y

Kö. 26. 1. 38.

Abschrift

Hausaufsatz

Herbst 37 -
5. 1. 38

Meine Gedanken bei der Wahl des Berufes

Es ist noch nicht lange her, als mir einmal jemand sagte, man lebe in Wirklichkeit erst von dem Augenblick ab, da man erkannt habe, welche Aufgaben und Pflichten man zu erfüllen habe, und man anfange, zielbewußt auf die Erfüllung dieser Aufgaben hin zu arbeiten. "Wieder eine von den alten Moralpredigten", dachte ich zuerst und hörte auf die weiteren Worte schon gar nicht mehr hin. Im allgemeinen fühlte ich mich nämlich nicht sehr getroffen, wenn man mir meine Aufgaben und Pflichten vorhielt. Zu einem Teil mag das daran liegen, daß man solche gutgemeinten, oder auch nur phrasenhaft gebrauchten Ermahnungen jeden Tag mehrmals zu hören bekommt. Andererseits, weil ich glaubte, daß niemand berechtigt sei, mir solche Vorwürfe zu machen, denn ich war davon überzeugt, daß ich meine Pflicht in der Schule und auch sonst tat, und wenn mir jetzt gesagt wurde, man müsse ein Ziel haben, so dachte ich, daß bei mir auch in dieser Beziehung alles in Ordnung sei. Bisher hatte ich nämlich meine Aufgabe darin gesehen, ordentlich für die Schule zu arbeiten, und als Abschluß und Ziel hatte ich mir vorgenommen, ein möglichst gutes Abitur zu bauen.

Als ich also nun hörte, daß man in Wirklichkeit erst lebe, wenn man auf ein Ziel hinarbeite und sich bemühe, seine Pflicht zu tun, glaubte ich, daß ich dann ja auf dem besten Wege sei, dies zu erfüllen, denn ich hatte mir ja ein Ziel gesetzt und hatte mich auch bemüht, alles, was man von mir verlangte, möglichst gewissenhaft und ordentlich zu tun. So beunruhigte ich mich nicht darüber und hatte nach ein paar Stunden die ganze Geschichte schon wieder vergessen. - Einige Wochen später hörte ich zufällig, wie einige meiner Kameraden über ihre Zukunft und ihren Beruf sprachen. Ich dachte nicht lange darüber nach und meinte, es sei ja noch soviel Zeit, bis man sich nach einem Beruf umsehen müsse, daß ich mir jetzt lieber noch keine Kopfschmerzen darüber machen wolle. Doch da mußte ich plötzlich wieder an das frühere Gespräch denken, und mir kam auf einmal der Gedanke, daß die Reifeprüfung gar nicht mein letztes Ziel sein könne, sondern daß dieses viel größer und weiter sein müsse. Denn wenn ich in wenigen Jahren das Abitur machen würde, war ich doch noch nicht am Ende meiner Arbeit, vielmehr sollte sie dann ja erst beginnen. Das Abitur war also in Wirklichkeit für mich gar kein Abschluß, sondern Anfang, und das Arbeiten für die Schule nicht Aufgabe, sondern Vorbereitung für

.../2

meine wirkliche, spätere Aufgabe. Diese neuen Gedanken zerschlugen mir alles, was früher für mich Richtschnur gewesen war und mir den Sinn meiner Arbeit gezeigt hatte. So wurde ich gezwungen, mir ein neues Ziel zu setzen; denn man kann ja nicht gern und freudig arbeiten, wenn man nicht einmal weiß, wozu man es tut.

Jetzt standen aber soviel Fragen und Zweifel vor mir auf, daß ich nicht wußte, was wirklich wahr sei, und mir den rechten Weg zeigen könne. Manchmal habe ich versucht, alles Neue wieder zu vergessen, und mich wieder an das zu halten, was für mich früher als richtig gegolten hatte. Aber diese Gedanken kamen doch wieder, und mit ihnen kam immer ein unheimliches, beunruhigendes Gefühl. War das Angst, oder war es Freude? Angst vor dem Alleinsein, vor der Ungewißheit über meine Zukunft? Denn ich wußte wohl, daß nun bald meine Eltern nicht mehr für mich sorgen können würden. Für alles, was ich von ihnen bekam, und so selbstverständlich hinnahm, als würde es immer so bleiben, würde ich nun bald selbst sorgen müssen. Oder war es vielleicht die Freude, gerade wegen dieser Verantwortung? Ich würde dann ja nicht mehr auf andere angewiesen sein und könnte tun, was ich wollte, ohne andere um Erlaubnis zu fragen. Ich würde dann anderen nicht mehr zur Last fallen, sondern selbst für meinen Lebensunterhalt sorgen. Alle diese Gedanken drängten sich schließlich in der einen Frage zusammen. In der Frage nach Ziel und Beruf.

Über die verschiedensten Berufe habe ich nachgedacht, aber nie konnte ich mich recht für einen bestimmten entscheiden. Einmal glaubte ich, daß ich auf diesem Gebiet besonders schöne und interessante Aufgaben finden würde, mal meinte ich, jenes sei für mich noch geeigneter. So habe ich lange gesucht, bis ich einsah, daß ich mir vor allen Dingen erst einmal darüber klar werden müsse, nach welchen Richtlinien ich überhaupt meine Arbeit und Zukunft gestalten wolle. Drei Dinge habe ich da gefunden, die mir besonders wichtig und maßgebend bei der Wahl des Berufes zu sein schienen. Diese drei sind: Verantwortung gegenüber dem Volk, Veranlagung und der Wunsch nach innerer Freiheit und innerem Leben. - Auf das erste kam ich, als ich darüber nachdachte, wofür wir alle im Grunde eigentlich arbeiten, und wohin uns diese Arbeit eigentlich führen soll. Gerade heute, in unserer Zeit, können einem diese Gedanken leicht kommen. Mit riesigen Schritten eilt die Technik und Wissenschaft vorwärts. Es wird erfunden, gebaut, ausprobiert und dann immer und immer wieder verbessert. Wozu aber alle diese Arbeit? Wohin soll sie uns bringen? Was wird das Ende dieses Schaffens sein? - Nie werden Menschen trotz allem ihrem Wissen dies erfahren. Hier ist wohl die Grenze,

.../3

wo wir mit unseren Gedanken nicht weiter können, und der suchende Verstand von dem Glauben oder der Religion abgelöst wird. Hierüber weiter nachzudenken und dieses letzte Dunkel klären zu wollen, ist unmöglich. Nie wird uns der Verstand zu einem endgültig richtigen Ziel bringen. Man soll wohl zu diesen Dingen Stellung nehmen, doch darf dies nicht dazu führen, daß man sich vornimmt, gedankenmäßig die Lösung finden zu wollen. Deshalb will ich mich nicht länger mit diesen Gedanken aufhalten, sondern mich lieber an das halten und für das arbeiten, was von mir Rechenschaft über meine Arbeit fordern wird. Denn ich glaube, daß ich mein Leben und meine Kraft nicht bekommen habe, sie willkürlich dort einzusetzen, wo ich gerade will; sondern daß über mir eine Macht steht, die mich richten und mir befehlen kann. Diese ist das Volk, in dem ich geboren bin, und für dessen Leben auch ich die Verantwortung mit tragen muß. Das Volk und die Gemeinschaft gibt dem einzelnen Gewähr für Ruhe und Ordnung innerhalb des Staates und somit die Möglichkeit zur Arbeit überhaupt. Als Gegenleistung wird dafür von jedem Pflichterfüllung und Einsatz seiner ganzen Kraft gefordert. Diese Forderung legt uns auch bereits bei der Berufswahl eine Verantwortung auf. Denn wenn wir auf unserem Arbeitsplatz, so wie wir es sollen, unsere ganze Kraft einsetzen wollen, so ist die Vorbedingung dafür ein solcher Beruf, der uns auch wirklich die Möglichkeit zu solcher Arbeit gibt. Daß man sich nicht einen Beruf wählt, zu dem man die geistigen oder körperlichen Kräfte nicht hat, ist wahrscheinlich. Denn sicher wird ein begabter Mensch ebensowenig auf den Gedanken kommen, Handwerker zu werden, wie jemand, dem das gedankenmäßige Arbeiten schwer fällt, sich einen wissenschaftlichen Beruf wählen wird. Die Gefahr auf diesem Gebiet ist nach meiner Meinung eine andere; nämlich die, daß man sich aus Bequemlichkeit eine Arbeit wählt, deren Aufgaben von einem nicht das fordern, was man unter anderen Verhältnissen leisten können würde. Man wird wahrscheinlich auch an solcher Arbeit oft mehr wie acht Stunden am Tage schaffen und sicher auch so den Tag ausfüllen können. Im letzten Grunde zufriedenstellen wird ein solcher Beruf einen aber nicht. Wenigstens wird er den nicht zufriedenstellen, der sich seiner Pflicht gegenüber seinem Volk bewußt ist und sich bemüht, ihr nachzukommen. Diese Bequemlichkeit und feige Flucht vor den Aufgaben, die das Volk stellt, sind nicht nur jetzt, wo ich mich zu einem Beruf entscheiden will, große Gefahren, sondern sie werden es auch weiter in meinem Leben bleiben. Denn immer werden von dem rechten Weg auch solche abzweigen, die mich nicht zu dem Ziel bringen würden, das ich mir gesetzt habe. Dieses heißt nämlich: soviel leisten, wie nur irgend in meinen Kräften steht. Ich habe mir nicht vorgenommen, etwas ganz Bestimmtes zu leisten und habe mir auch keine festumrissenen Aufgaben gestellt. Ich will nur mitarbeiten und mich bemühen, meine Pflicht zu tun in der Gemeinschaft, die mir Ziel und Richtung meiner Arbeit weisen wird.

.../4

Als Zweites, das meinen Beruf mit bestimmen soll, habe ich die Veranlagung genannt. Weshalb ich auch diese berücksichtigen muß, habe ich teils schon im Vorigen geschrieben. Wenn ich trotzdem noch einmal die Veranlagung erwähne, so darum, weil sie auch noch eine andere Bedeutung für meine Wahl hat. Denn ihre Berücksichtigung soll mich vor einem unüberlegten, vorschnellen und gefährlichen Entschluß bewahren. Zu leicht läßt man sich ja von scheinbar fabelhaften Angeboten verlocken, - sei es eine sehr angesehene Stellung oder ein Beruf, der die Möglichkeit gibt, viel Geld zu verdienen -, sich so zu entscheiden, daß es einen später gereuen wird. Nicht jeder wird dieses später empfinden. Ich könnte mir sogar das Gegenteil gut vorstellen, nämlich, daß er sehr mit seinem Beruf zufrieden ist. Wenn jedoch die Macht, die nicht nur das Äußere sieht, ihn zur Rechenschaft ziehen wird, wird er erkennen, daß er einem Betrug zum Opfer gefallen ist, und daß er selbst es war, der sich betrog. Denn wenn jemand über irgendetwas urteilen soll, und er wird von anderen Menschen immer wieder in eine bestimmte Richtung gedrängt, und immer wieder wird ihm deren Meinung vor Augen gehalten, so wird er am Ende nicht mehr gerecht richten können. Ebenso ist es bei der Berufswahl. Nur sind es hier nicht fremde Stimmen, die einen beeinflussen wollen, sondern es ist die eigene Stimme, die das Gewissen schnell zum Schweigen bringen kann. Hinter dieser Stimme aber steht oft die Feigheit oder der Egoismus. Hier auf der Hut zu sein und nur auf mein Gewissen zu hören, das mir sagt: "Die Veranlagung soll Deinen Beruf bestimmen" ist das Zweite, was ich beachten will.

Als letztes hatte ich innere Freiheit und inneres Leben genannt. - Unserer Klasse, als der mathematischen Abteilung, wird oft von der sprachlichen Klasse vorgeworfen, wir erstarrten ja in Formeln und Berechnungen und dächten an nichts anderes, als an die Mathematik und die vielen anderen naturwissenschaftlichen Zweige und wüßten gar nicht, wieviel schöner die Sprachen seien. Wir wüßten nichts von dem Wert der griechischen Dichter und ahnten ja nicht, was einem ein gutes Gedicht oder ein anderes Werk zu geben vermöchte. Jetzt lachen wir noch über solche Vorwürfe, weil wir die andere Klasse ja nur zu gut kennen und genau wissen, daß diese großen "Denker" uns gerade auf dem Gebiet, auf dem sie uns Unkenntnis vorwerfen, selbst nicht viel voraus sind. Heute lachen wir noch darüber. Was wird aber später sein? Denn daß das, was man uns jetzt noch im Spaß und vielleicht unbegründet vorwirft, uns später wirklich gefangen halten und blind machen kann, will ich nicht abstreiten. Ich glaube auch, daß gerade wir, deren Beruf ja später auch wahrscheinlich auf technischem Gebiet liegen wird, besonders leicht dieser Gefahr erliegen können. Jetzt ist nur die Frage, wieweit man von dem Wunsch, innerlich nicht zu erstarren und zu sterben, sich in der Wahl des Berufes bestimmen lassen darf, und ob man es überhaupt darf. Einerseits könnte man sich wohl vorstellen, daß jemand, der an nichts als an seine Arbeit denkt und sich ihr

.../5

ganz widmet, mehr leisten wird, wie jemand, der sich auch Zeit nimmt, Bücher zu lesen, die zu uns von dem inneren Ringen und Kämpfen der Menschen sprechen, und der sich auch einmal Gedanken über Dinge macht, an die ein anderer nicht denkt, oder nicht denken zu brauchen glaubt. Andererseits ist der Mensch aber auch keine Maschine oder Werkzeug, mit dem sich rechnen und bauen läßt, wie mit totem Stein. Oder wird das zu sein, doch verlangt, wenn Pflichterfüllung verlangt wird? Denn der Staat fordert doch alle Kraft und unseren ganzen Einsatz. Hat er aber auch das Recht, das von uns zu fordern, was uns zum Menschen macht? - Ich kann da die genaue Grenze nicht erkennen und weiß jetzt noch nicht, wie ich mich in einem Zweifelsfall, der von mir klare Entscheidung fordern würde, verhalten sollte. Im allgemeinen, glaube ich, wird es aber wohl möglich sein, beides miteinander zu vereinigen, und ich denke, die meisten Menschen tun dies auch. Denn wer tut rastlos seine Pflicht und denkt nicht auch manchmal an sich. Wer kann denn sagen:"Ich habe in meinem Leben nur meine Pflicht gekannt!"? Im Grunde ist im Menschen ja doch immer beides, nur daß jener sein Leben mehr von der Pflicht, und der andere von seiner Religion und dem Verlangen nach innerem Leben bestimmen läßt. So soll mich bei meiner Berufsentscheidung das Denken hiervon bewahren, eine solche Arbeit zu wählen, die sicher zu einem toten erstarrten Leben führen würde. Denn ich will lieber alle die Zweifel und Fragen, die sich einem im anderen Falle aufdrängen werden, auf mich nehmen und um ihre Lösung ringen, als lebend doch nur ein totes Werkzeug sein.

Dieses sind die drei Gedanken, die mein Leben bestimmen sollen. Es mag sein, daß vieles daran auszusetzen ist, und vieles erst vorletzte Entscheidung war. Auch wird man vielleicht nicht einsehen, weshalb ich gerade diese Punkte herausgegriffen habe. Denn sicher werden andere Menschen auch mit anderen Zweifeln zu ringen haben und sich andere Richtlinien nach anderen Gesichtspunkten ziehen. Ich will ja auch nicht sagen, daß meine Anschauung allgemein gültig wäre. Ich glaube sogar selbst, daß ich in wenigen Jahren schon über vieles anders denken werde, und daß mir auch noch Fragen über Dinge kommen werden, die mir jetzt noch ganz klar und eindeutig erscheinen. Denn ich habe mir vorgenommen, immer bereit zu sein,zu lernen und Besseres anzuerkennen, und wenn ich auch alles, was ich bisher geglaubt habe, aufgeben und als falsch einsehen müßte. Deshalb soll das, was ich geschrieben habe, nicht als meine feststehende Anschauung angesehen werden, sondern vielmehr nur wie ein Bild, das meine Zukunft, wie ich sie jetzt sehe, zeigen soll. Es soll nur ein Ausschnitt oder ein kleines Stück von dem Weg wiedergeben, auf dem ich mich bemühe, vorwärts zu kommen, dessen Ende ich aber noch nicht weiß.

------

.../6

Die Gedanken, die Sie sich über die Wahl Ihres Berufes machen, zeugen davon, daß Sie der für Sie im Augenblick wichtigsten Frage mit Verantwortungsbewußtsein und dem Ernst nahetreten, den diese - meist einmalige - Entscheidung im Leben wirklich verdient. In klarer Gedankenführung haben Sie auf alles Wesentliche hingewiesen, das Ihre Entscheidung zu beeinflussen vermöchte. Ich zweifele niemals daran, daß Sie später Ihre Aufgaben genau so ernst nehmen wie im Augenblick die Entscheidung zum Aufgabengebiet; und dieses Bewußtsein ist für einen Lehrer mit das Erfreulichste, das ihn in der Auseinandersetzung mit seinen Schülern begegnen kann. Und noch eine besonders erfreuliche Feststellung: Sie lassen nicht von der Art, der Sie zugehören.

Sehr gut.

Ko.
26. 1. 38

# Die Geschichte des Hauses Bertelsmann im Überblick

1835: Gründung des C. Bertelsmann Verlags mit hauseigener Druckerei durch den Drucker Carl Bertelsmann – Schwerpunkt ist protestantische Erbauungsliteratur.

1850: Tod von Carl Bertelsmann und Übernahme der Verlagsgeschäfte durch Heinrich Bertelsmann (1827–1887).

1852–1887: Beteiligung an anderen bzw. Übernahme anderer deutscher Verlage (z.B. Fridrich'scher Verlag 1852, Liesching Verlag 1861 und 1869, Dümmler Verlag 1887).

1887: Weiterführung des Betriebs in der dritten Generation durch den Schwiegersohn von Heinrich Bertelsmann, Johannes Mohn (1856–1930).

1921: Rückzug von Johannes Mohn und Übergabe des Betriebs an dessen Sohn Heinrich Mohn (1885–1955).

Verlagsgröße: 84 Mitarbeiter und rund 700.000 Reichsmark Umsatz.

1920er-Jahre: neue Vertriebswege über kirchliche Vereine ermöglichen den Fortbestand des Verlags während der Inflationszeit und der Weltwirtschaftskrise.

Ab Ende der 1920er-Jahre: Ausweitung des Verlagsprogramms auf Unterhaltungsliteratur – mit zunächst mäßigem Erfolg.

1934: Durchbruch und große Gewinne im Bereich Belletristik, vor allem mit Kriegserlebnis-Literatur. Nach Ausbruch des Zweiten Weltkriegs wird Bertelsmann größter Bücherlieferant der Wehrmacht.

1935: 100-jähriges Firmenjubiläum (150 Mitarbeiter).

1939: Erwerb des Rufer Verlags, höchster Mitarbeiterstand mit 440.

1941: Vertrieb von theologischen Schriften ausschließlich über den Rufer Verlag bis zu dessen Schließung 1943.

1944: Prozess wegen Verstrickung des höheren Managements in illegale Papierbeschaffungen; das Verfahren endet mit einer Ordnungsstrafe. Schließung des gesamten Verlags nach behördlicher Aufforderung durch die Reichsschrifttumskammer. Erste Schäden an Produktionsstätten durch alliierte Bombenangriffe.

1945: Am 13. März Zerstörung großer Teile des Verlagsgebäudes in Gütersloh durch Luftangriffe.

1946: Im Januar Rückkehr von Reinhard Mohn (Jg. 1921) aus amerikanischer Gefangenschaft in Kansas (nach Gefangennahme in Tunesien 1943). Dem Antrag auf Lizenz zum Druck von Büchern wird von der britischen Verwaltung stattgegeben.

1947: Nach Zweifeln vonseiten der britischen Behörden an der Rolle Heinrich Mohns im Dritten Reich erfolgt die Übernahme des Betriebs durch Reinhard Mohn. Wiederaufbau der Räumlichkeiten in der Eickhoffstraße in Gütersloh.

1950: Gründung des Bertelsmann Leserings als Grundstein des Erfolgs von Bertelsmann – innerhalb eines Jahres 100.000 Mitglieder, bis 1960 2,6 Millionen.

1952: Gründung Ratgeber-Verlag und Lexikon-Verlag – Bertelsmann steigt zum führenden Lexikon-Anbieter in Deutschland auf.

1954: Gründung Verlagsgemeinschaft Rheda.

1956: Gründung Schallplattenring.

1957: Grundsteinlegung Schallplattenfabrik Sonopress (Betriebsaufnahme: 1958).

1958: Gründung der Ariola – das neue Label feiert nach Startschwierigkeiten in den Sechzigerjahren mit nationalen und internationalen Interpreten große Erfolge.

1960: Bertelsmann feiert sein 125-jähriges Jubiläum.

Einführung der Grundsatz- und Betriebsordnung (Vorläufer der späteren Unternehmensverfassung): Grundsätze sind partnerschaftliche Führung, Delegation von Verantwortung, Verantwortung gegenüber der Gesellschaft und Dezentralisierung.

1961: Gründung des Europarings der Buch- und Schallplattenfreunde.

1962: Aufbau der ersten Buchgemeinschaft im Ausland: Círculo de Lectores, Spanien.

1964: Übernahme der Ufa (u.a. Ufa-International und Ufa-Fernsehproduktion). Erste Bücherstube des Leserings (heute: Club Center) in Kiel.

1968: Neuorganisation des Verlagsbereichs – Zusammenfas-sung von Einzelverlagen zur »Verlagsgruppe Bertelsmann GmbH«.

1969: Einstieg in das Zeitschriftengeschäft durch Beteiligung von 25 % am Hamburger Druck- und Verlagshaus Gruner + Jahr (1973: 60 %, 1975: 69,9 %, 1976: 74,9 %).

1970: Einführung der Vermögensbildung und Gewinnbeteiligung (rückwirkend zum 1.4.1969) für die Mitarbeiter.

Gründung des Buchclubs France Loisirs in Zusammenarbeit mit dem französischen Verlagshaus Presses de la Cité. Bertelsmann erwirbt 1/3 am Springer Verlag – der Anteil wird nach kurzer Zeit wieder veräußert.

Übernahme der Papierfabrik Cartiere del Garda, Italien.

1971: Umwandlung von Bertelsmann in eine Aktiengesellschaft – erster Vorstandsvorsitzender wird Reinhard Mohn, erster Aufsichtsratsvorsitzender Gerd Bucerius (ab 1973 Anteilseigner an der Bertelsmann AG nach Umtausch seiner Aktienanteile an Gruner + Jahr).

Bildung von fünf Unternehmensbereichen: Buch- und Schallplattengemeinschaften; Verlage; Druck- und Industriebetriebe; Musik, Film, Fernsehen; Gruner + Jahr.

1973: Einführung einer weiterentwickelten Unternehmensverfassung.

1974: Grundsteinlegung für das neue Verlags- und Verwaltungsgebäude in Gütersloh.

1975: Gründung Ariola America Inc. – erster Schritt auf den US-amerikanischen Markt. Beginn der Produktion von Musikkassetten bei Sonopress.

1976: Übernahme der Tiefdruckerei Belser, Stuttgart. Mehrheitsbeteiligung an maul + co., Nürnberg.
Umzug in die neue Hauptverwaltung.

1977: Gründung der Bertelsmann Stiftung.
Beteiligung am Verlagshaus Plaza y Janés, Barcelona.

Übernahme der Mehrheit am amerikanischen Taschenbuchverlag Bantam Books, New York (ab 1980: 100 % Besitz) – Basis für die Expansion auf dem Buchmarkt in den Vereinig-ten Staaten.
Erste Mitarbeiterbefragung.

1979: Übernahme von Arista Records Inc. in den USA und in Großbritannien.

1981: Wechsel von Reinhard Mohn in den Aufsichtsrat – neuer Vorstandsvorsitzender wird Manfred Fischer (bis 1983). Start der Produktion von Videokassetten bei Sonopress.

1983: Mark Wössner wird neuer Vorstandsvorsitzender. Kooperation mit Radio Corporation of America (RCA) im Bereich Musik.

1984: Beteiligung am ersten deutschsprachigen Privatfernsehsender RTL plus Gründung der Ufa-Film- und Fernseh-GmbH. Produktionsbeginn von Compact Discs bei Sonopress in Gütersloh.

1985: 150-jähriges Firmenjubiläum – zahlreiche Feierlichkeiten in der Firmenzentrale und der Stadt Gütersloh. Gründung des Unternehmensbereichs Elektronische Medien.

1986: Börseneinführung der Bertelsmann-Genussscheine. Übernahme des Verlagshauses Doubleday und Gründung der Bantam Doubleday Dell Publishing Group.

1987: Übernahme von RCA – Zusammenfassung der Musiklabels RCA und Ariola zur Bertelsmann Music Group (BMG) mit Sitz in New York.

1989: Im Dezember Eröffnung des ersten Club Centers in den neuen Bundesländern (Dresden).

seit 1990 zahlreiche Investitionen in den neuen Bundesländern: Aufbau Buch- und Schallplattenclub »Deutsche Buch-Gemeinschaft«, Bereitstellung von Investitionsmitteln (rund 1 Milliarde DM).

1991: Ausscheiden Reinhard Mohns aus dem Aufsichtsrat als aktives Mitglied (seitdem Ehrenvorsitzender).

1992: Kauf eines Bürogebäudes am Broadway in New York (»Bertelsmann Building«).

1993: Start der Privatsender VOX und RTL2 (Ufa-Beteiligungen 24,9 bzw. 7,8 %), Übertragung von 68 % der Kapitalanteile von Reinhard Mohn auf die Bertelsmann Stiftung.

1994: Beteiligung von Rupert Murdoch an VOX (49,9 %).

1995: Joint Venture zwischen Bertelsmann und America Online Inc. Gründung der gemeinsamen Gesellschaft »Canal+Ufa« zum Erwerb von Fernsehrechten.

Nach seinem Tode Übergang der Aktien-Anteile von Gerd Bucerius auf die ZEIT-Stiftung.

1996: Start von America Online (AOL) in Großbritannien, Frankreich und Kanada.

1997: Gründung des ersten Buchclubs in China (Shanghai). Gründung der Gesellschaft CLT-Ufa in Luxemburg durch Bertelsmann und Audiofina – Europas größtes Rundfunk- und Fernsehunternehmen entsteht.

1998: Übernahme des Verlags Random House und Gründung der gleichnamigen Verlagsgruppe als Dachgesellschaft der Publikumsverlage – bis dahin größte Investition der Firmengeschichte.

Thomas Middelhoff löst am 1. November Mark Wössner (wechselt als Vorsitzender in den Aufsichtsrat der AG) als Vorstandsvorsitzender ab.

Bertelsmann setzt zur Untersuchung und Aufklärung seiner Verlagstätigkeit in der Zeit des Dritten Reiches eine Unabhängige Historische Kommission (UHK) ein.
Einführung der Bertelsmann Essentials (Verpflichtung, Auftrag, Grundwerte).

1999: Reinhard Mohn regelt das Aktionärs-Stimmrecht neu und überträgt seinen stimmberechtigten Geschäftsanteil am Aktienkapital auf die neu gegründete Bertelsmann Verwaltungsgesellschaft mbH (BVG).

Umfangreiche Umstrukturierungen und Umbenennungen in allen Unternehmensbereichen, u.a. wird aus der Industrie AG und dem Dienstleistungsbereich die Arvato AG; die Mohndruck-Gruppe wird in »Mohn Media« umbenannt; der Bertelsmann Buchclub in den USA, Doubleday

Direct, und der Book of the Month Club (Time Inc.) schließen sich zum Joint Venture Bookspan zusammen.

2000: CLT-Ufa, Pearson TV und Audiofina fusionieren zur RTL Group, dem größten TV-, Radio- und Filmunternehmen Europas.

Börsengang der RTL Group in London.

»Planet M« auf der Expo als erste gemeinsame Identifikationsplattform der Bertelsmann-Familie – Ziel ist ein Corporate branding für den Konzern (Bertelsmann-media worldwide).

Bertelsmann führt das Internetunternehmen Lycos Europe an die Börse.

Bertelsmann gibt den Ausstieg aus dem Internet-Zusatzgeschäft bekannt und verkauft seine Anteile an AOL Europe für den firmeninternen Rekorderlös von 6,75 Mrd. US-Dollar (fällig 2002) an AOL.

2001: Bertelsmann erwirbt die Mehrheit an der RTL Group: Die Groupe Bruxelles Lambert (GBL) erhält 25,1 % der Bertelsmann-Aktien (0,1 % ohne Stimmrecht) der Bertelsmann AG im Tausch gegen die Anteile von GBL an der RTL Group.

Bertelsmann übernimmt die restlichen 50 % am französischen Buchclub France Loisirs von Vivendi Universal Publishing.

2002: Durch eine neue Verfügung von Reinhard Mohn wird der Einfluss der Familie Mohn bei Bertelsmann gestärkt und langfristig gesichert:

Liz Mohn wird Vorsitzende der Gesellschafterversammlung und Geschäftsführerin der Bertelsmann Verwaltungsgesellschaft; die BVG verfügt über 100 % der Stimmrechte in der Hauptversammlung der Bertelsmann AG.

Neuer Vorstandsvorsitzender der Bertelsmann AG wird Gunter Thielen – Thomas Middelhoff verlässt das Unternehmen.

Bertelsmann übernimmt vom englischen Medienunternehmen Pearson dessen Anteil an der RTL Group.

Die DirectGroup Bertelsmann verkauft den Internet-Buchhändler BOL.

BMG übernimmt Zomba Music Group vollständig – BMG hatte 1991 bereits 25 % und 1996 20 % an Zomba Publishing und Zomba Records erworben.

Die UHK legt ihren Abschlussbericht »Bertelsmann im Dritten Reich« in Buchform vor.

2003: Die gemeinsame Hauptstadt-Repräsentanz von Bertelsmann AG und Bertelsmann Stiftung wird am 6. November feierlich eröffnet – die Adresse »Unter den Linden 1« (UDL) wird zum Synonym für die Präsenz des Unternehmens in der deutschen Hauptstadt.

Random House Deutschland übernimmt von der Springer AG den Heyne Verlag und damit eine Vielzahl international erfolgreicher Autoren.

Im November: Abschluss des seit 2000 vollzogenen Rückkaufs der Aktien-Anteile der ZEIT-Stiftung an der Bertelsmann AG.

2004: Bertelsmann Music Group BMG fusioniert mit Sony Music zu SonyBMG – zu diesem Zeitpunkt der drittgrößte Musikanbieter der Welt.

RTL Group verkauft seine Anteile am internationalen Sportrechtevermarkter Sportfive.

2005: DirectGroup Bertelsmann übernimmt Columbia House, den größten US-Versandhändler für DVDs.

Beginn der Initiative GAIN (Growth and Innovation) als Signal für neue Investitionen.

Kampagne »Du bist Deutschland« – vielbeachteter Aufruf zu gesellschaftlicher Verantwortung und Geschlossenheit.

2006: Rückkauf der Aktien-Anteile von der GBL für 4,5 Milliarden Euro – erstmalig seit 1973 keine Fremdgesellschafter mehr an der Bertelsmann AG beteiligt (76,9 % bei der Bertelsmann Stiftung, 23,1 % bei der Familie Mohn).

Eröffnung einer Bertelsmann-Repräsentanz in China (Peking).

Neufassung der Essentials.

2007: Beendigung des »Napster-Prozesses« – Rechtsstreit mit verschiedenen Musikanbietern endet nach Vergleichszahlungen durch Bertelsmann.

2008: Zum 1. Januar wird Hartmut Ostrowski neuer Vorstandsvorsitzender der Bertelsmann AG – Gunter Thielen wechselt an die Spitze des Aufsichtsrats und der Bertelsmann Stiftung.

*Helen Müller, der Leiterin des*
*Bertelsmann Unternehmensarchivs,*
*und ihrem Arbeitsteam*
*gilt unser herzlicher Dank.*

# Anmerkungen

1 Die Verbindung dieser Aussage mit dem vorsokratischen Denker Heraklit wird durch Platon übermittelt, der das heraklitische Seinsdenken als einen Fluss in einer interpretatorischen Verkürzung aufgreift: »Pánta choreì kaì oudèn ménei«, »Alles bewegt sich fort, und nichts bleibt«. Heraklits Gedankenwelt ist uns nur in Fragmenten erhalten. Vgl. Wilhelm Capelle, Die Vorsokratiker. Fragmente und Quellenberichte, Stuttgart 1968.

2 Vgl. Hausaufsatz Reinhard Mohn, Privatarchiv, hier faksimiliert auf Seite 147 ff.

3 Eine genaue historische Aufarbeitung der Geschichte des Bertelsmann Verlags zwischen 1933 und 1945 leistet der Bericht einer unabhängigen Historikerkommission unter dem Vorsitz des Historikers Saul Friedländer. Vgl. dazu: Bertelsmann im Dritten Reich, München 2002.

4 Vgl. Reinhard Mohn, Der direkte Weg zum Leser: »Die Königsidee Buchgemeinschaft«. Redeentwurf vom 9. Januar 1985. Quelle: Bertelsmann Unternehmensarchiv.

5 Vgl. Bertelsmann im Dritten Reich, S. 515 ff.

6 An meine Mitarbeiter. Eine Ansprache zum Jahreswechsel 1946/47. Bertelsmann Unternehmensarchiv.

7 Vgl. Reinhard Mohn, Der direkte Weg zum Leser, Quelle: a. a. O.

8 ebd.

9 Tagebuch Rudolf Wendorff, 17. März 1946.

10 Gespräch Andrea Stoll – Jochen Werner, 11. Januar 2008.

11 In diesen Jahren war für mich die Entdeckung des amerikanischen Autors und Managementberaters Peter Drucker eine Quelle der Inspiration. Vgl. Peter Drucker, Praxis des Managements. Ein Leitfaden für die Führungs-Aufgaben in der modernen Wirtschaft, Düsseldorf 1998.

12 Vgl. Betriebsordnung der Firmen C. Bertelsmann Verlag, Bertelsmann GmbH, Ariola GmbH, Verlagsgemeinschaft Bertelsmann GmbH, Vertriebsgemeinschaft Buch und Wissen GmbH vom 1.10.1956. Quelle: Bertelsmann Unternehmensarchiv, 3. Aufl. vom 1. März 1959, S. 2.

13 Der genaue Zeitpunkt dieses Vorgangs lässt sich trotz intensiver Recherchen nicht mehr belegen.

14 Grundsatzordnung und Betriebsordnung für die Firmen des Hauses Bertelsmann. Gütersloh, 1. September 1960. Quelle: Bertelsmann Unternehmensarchiv.

15 ebd.

16 ebd.

17 Als hilfreiche Lektüre erwies sich für mich Klaus Mehnert, Asien, Moskau und wir, Stuttgart 1956.

18 Reisebericht Reinhard Mohn, Moskau-Reise 1957. Quelle: Bertelsmann Unternehmensarchiv.

19 ebd.

20 ebd.

21 Neben den Klassikern wie Dostojewski, Tolstoi und Pasternak wurden in den Sechzigerjahren die Autoren Antonia Koptjajewa, Wladimir Dudinzew, Michail Scholochow und die Stalin-Tochter Swetlana Allilujewa in den Verlag Sigbert Mohn und den Lesering aufgenommen.

22 Vor allem der literarische Rang und die große Popularität der Spanisch schreibenden Autoren wie Octavio Paz, José Saramago, Camilo José Cela, -Mario Vargos Llosa, Rafael Alberti und Carlos Fuentes hatten enorme Auswirkungen auf das spanische Kulturleben.

23 Reinhard Mohn, Der direkte Weg zum Leser, a. a. O.

24 Vgl. hier vor allem: Reinhard Mohn, Moderne Führungstechnik und ihre gesellschaftspolitischen Konsequenzen, in: Zeitschrift für betriebswirtschaftliche Forschung, hg. im Auftrag der Schmalenbach-Gesellschaft, Sonderheft 1, 1972, Manuskript undatiert. Quelle: Bertelsmann Unternehmensarchiv. Vgl. auch Reinhard Mohn, Erfolg durch Partnerschaft. Eine Unternehmensstrategie für den Menschen, Berlin 1986.

25 Gespräch Andrea Stoll – Willi Pfannkuche, 30. Januar 2008.

26 Briefwechsel Reinhard Mohn 1967–1969. Quelle: Bertelsmann Unternehmensarchiv.

27 Briefwechsel Reinhard Mohn 1969 ff., ebd.

28 Vgl. hierzu Reinhard Mohn, Erfolg durch Partnerschaft, a. a. O.

29 Diese Einschätzung ist von vielen maßgeblichen Wirtschaftslenkern bestätigt worden. Vgl. zur aktuellen Debatte Alan Greenspan, Mein Leben für die Wirtschaft, Frankfurt/New York 2007, S. 31.

30 Vgl. Tony Judt, Geschichte Europas von 1945 bis zur Gegenwart, München 2006.

31 Vgl. ebd., S. 399ff.

32 Vgl. Jürgen Eick, Hin zur parasitären Gesellschaft? In: Frankfurter Allgemeine Zeitung, 7. Oktober 1981.

33 Vgl. Reinhard Mohn, Demokratie in Staat und Wirtschaft: Plädoyer für eine Neugestaltung unseres Gesellschaftssystems. Referat vor der Europäischen Bildungsgemeinschaft, Stuttgart, 18. März 1974. Quelle: Bertelsmann Unternehmensarchiv.

34 Vgl. Reinhard Mohn, Die gesellschaftliche Verantwortung des Unternehmers, München 2003.

35 Vgl. Diskussion zwischen Reinhard Mohn und dem DGB-Vorsitzenden Heinz Oskar Vetter im Kaiserhof in Gütersloh, Februar 1974. Quelle: Stadtarchiv Gütersloh, Westfalenblatt, 8. Februar 1974.

36 Vgl. Stefano Carboni, Venice and the Islamic World, 828–1797, New Haven u.a. 2007.

37 Vgl. dazu die kulturhistorische Analyse der Autoren Ilija Trojanow und Ranijit Hoskoté, Kampfabsage. Kulturen bekämpfen sich nicht – sie fließen zusammen, München 2007.

38 Vgl. Georg Wilhelm Friedrich Hegel, Philosophie des Rechts, 1920. In: Hegel, Werke, hg. von Eva Moldenhauer und Karl Markus Michel, Bd. 7, Frankfurt 1970, S. 503–512. Philosophie der Geschichte, 1821. ebd., Bd. 12, S. 97–105.

39 Essai sur les murs et l'esprit des nations, Œvres complètes de Voltaire, Bd. 16, Paris 1784, S. 241.

40 Vgl. Reinhard Mohn, Die neuen Aufgaben heißen Führung und Geleit, in: Frankfurter Allgemeine Zeitung, 8. Oktober 2005.

41 Vgl. dazu das umfangreiche Verlagsprogramm der Bertelsmann Stiftung. www.bertelsmann-stiftung.de/verlag.

42 Vgl. Kwame Anthony Appiah, Der Kosmopolit. Philosophie des Weltbürgertums, München 2007.

43 Vgl. Reinhard Mohn, Erfolg durch Partnerschaft, a.a.O. Vgl. Reinhard Mohn, Menschlichkeit gewinnt. Ein Bericht an den Club of Rome, Gütersloh 2000. Vgl. Reinhard Mohn, Die gesellschaftliche Verantwortung des Unternehmers, a.a.O.

44 Victor Hugo, Eröffnungsrede zum Pariser Friedenskongress am 21. August 1849.

45 Vgl. hierzu die Kulturanalyse: Samuel P. Huntington, Kampf der Kulturen. Die Neugestaltung der Weltpolitik im 21. Jahrhundert, München 1996.

46 Vgl. ebd.

47 Vgl. Reinhard Mohn, Demokratie und Führung als Zukunftsaufgaben, in: Frankfurter Allgemeine Zeitung, 6. Mai 2006.

48 Vgl. Huntington, a.a.O.

49 Vgl. Platons Gespräche, hg. von Walter Bröcker, Frankfurt/M. 1967.

50 Vgl. Bertelsmann Stiftung (Hg.), Religionsmonitor 2008, Gütersloh 2007.

51 Vgl. Walter Kardinal Kasper, Ein Blick über Europa hinaus, in: Religionsmonitor, a.a.O., S. 140.

52 Vgl. zur aktuellen Debatte: Heinz-Joachim Fischer, Ziel des Dialogs. Was noch fehlt im Gespräch zwischen Christen und Muslimen, in: Frankfurter Allgemeine Zeitung, 14. Mai 2008.

53 Marc Aurel, Selbstbetrachtungen IX, 5.

54 Vgl. dazu: Erfolg durch Partnerschaft. Analyseergebnisse zum Zusammenhang zwischen Unternehmenskultur und wirtschaftlichem Erfolg, Gütersloh 2008.

# Personenregister